大武汉故事丛书

总主编 涂文学 别道玉

武汉湖泊故事

吴明堂 张崇明 著

长江出版社

图书在版编目(CIP)数据

武汉湖泊故事/吴明堂,张崇明著.—武汉:长江出版社,2015.9

ISBN 978-7-5492-3792-0

Ⅰ.①武… Ⅱ.①吴…②张… Ⅲ.①湖泊—介绍—武汉市 Ⅳ.①K928.43

中国版本图书馆 CIP 数据核字(2015)第 232284 号

总 主 编 涂文学 别道玉

副总主编 邓正兵 肖德才

出版策划 别道玉 赵 冕 肖德才

编　　辑 张 琼 胡紫妍

武汉湖泊故事　　吴明堂 张崇明 著

责任编辑:吴曙霞

装帧设计:刘斯佳

出版发行:长江出版社

地　　址:武汉市解放大道 1863 号　　**邮　　编**:430010

E-mail:cjpub@vip.sina.com

电　　话:(027)82927763(总编室)

(027)82926806(市场营销部)

经　　销:各地新华书店

印　　刷:武汉科源印刷设计有限公司

规　　格:787mm×1092mm　1/32　6 印张　117 千字

版　　次:2015 年 9 月第 1 版　2015 年 9 月第 1 次印刷

ISBN 978-7-5492-3792-0

定　　价:18.00 元

总 序

涂文学

历史是一幅色彩斑斓、五彩缤纷的生动画卷，而故事则是组成其间的一个个生动细节描述。因为故事，历史显得如此生动，因为故事，历史永葆青春活力。中国传统历史记叙中就一直有“叙事”的传统，无论是被鲁迅誉为“史家之绝唱，无韵之离骚”的皇皇巨著——《史记》，还是被梁启超称为“天地一大文也”的洋洋万言——《资治通鉴》，其叙事详明、脉络清晰、网罗宏大、繁简得宜，无一不凸显了其讲故事的高明，也因此奠定了他们在中国文学史上的重要地位。当下，在历史研究领域正兴起的“社会史”、“生活史”等学术新潮，某种程度上可说是对这一叙事传统的回归和升华，其研究更侧重于社会生活领域的衣食住行等日常行为，更关注于普通人群的喜怒哀乐。长江出版社此次编纂出版的《大武汉故事丛书》可说是对中国传统历史叙事和当下历史研究前沿的一次极富意义的回应。

美国著名历史学家刘易斯·芒福德曾言：“城市是文

化的容器。"换言之,城市并不是冰冷的生硬的钢铁丛林,而是有血有肉有灵魂有自我的生命有机体。如果说一个城市的纵向发展构成了其自身的骨架,那么城市所独有的一个个故事则是充斥其间的血肉经脉。正是因为这些故事,城市才变得丰满而具体,感性而优雅。在中国如此众多的城市中,唯有"武汉"和"上海"能冠之以"大"。正因如此,在大武汉这方热土中,产生了多少可歌可泣、悲喜交集的故事传奇。从3500年前盘龙城来无踪去无影的崛起与消失,到1700年多年前夏口、鲁山、却月三城的修筑,从大禹疏江导汉演绎"江汉朝宗"的神话传说到关羽洗马长街卓刀成泉的英雄传奇,从徐寿辉天完政权的昙花一现到太平军三克武昌的惨烈战事,从"十里风樯依市立,万家灯火彻宵明"的"四大名镇"到"缔造多从江汉起,登临不觉亚欧遥"的"东方芝加哥",从"修合虽无人见,存心自有天知"的国药世家叶开泰到"都督创造了民国,我创造了汉口"的"地皮大王"刘歆生,从伯牙摔琴谢知音的千古绝唱到屈原行吟东湖泽畔的不朽篇章,从崔颢"晴川历历汉阳树,芳草萋萋鹦鹉洲"的"七律之首"到李白"黄鹤楼中吹玉笛,江城五月落梅花"的魂牵梦萦,从武钢"一米七轧机"的战略引进到汉正街小商品市场的首开先河,从东风下山落户武汉到"光谷提案"建设创新高地,一个

个故事串起了武汉发展的历史脉络，一页页篇章写就了武汉的鸿篇巨制。故事改变着武汉，故事影响着武汉，故事成就了武汉。

今天，我们讲大武汉故事，是对古代讲故事文化的传承与发扬。通过讲大武汉的“盘龙古城”“天下四聚”“四大名镇”“东方芝加哥”等故事，记录城市绚烂历史，传承城市美好记忆；通过讲大武汉在明清、晚清和新中国曾经有过的三次辉煌，揭示武汉崛起的奥秘，读史明智，鉴往知今，从而开启城市光辉的未来；通过讲大武汉的江汉朝宗、晴川历历、白云黄鹤、灵山秀水，让更多的市民尤其是青少年了解武汉、爱上武汉，增强对自己居住的这座城市的自豪感和家园感。总之，通过讲大武汉故事，去描绘城市之美，展示城市之变，启迪城市之思，从而传播武汉声音，弘扬武汉精神。

在《大武汉故事丛书》的众多作者中，或是土生土长的老武汉，或是20世纪八九十年代的“新移民”；或为历史专业研究者，或为武汉本土历史的爱好者和发烧友。正因如此，这套丛书呈现出不同于其他有关武汉研究书籍的一些特色。其一，这是武汉人讲武汉自己城市的故事。故事里写就的是武汉的兴衰荣辱，故事里描绘的是武汉的风云变幻，故事里既有武汉古老、沧桑的“从前”，更有

武汉鲜活、灵动的“今生”。他们了解武汉，熟知武汉，热爱武汉。识得武汉真面目，只缘身在此城中，作者们的笔端充溢着对这座城市的大爱之情，字里行间传递着对这座城市未来的深刻期待。这些都能让听故事的读者产生强烈共鸣，共同记忆武汉峥嵘往昔，共同感知武汉本土文化，从而产生深刻的心灵互动和价值认同。其二，这是用武汉话讲武汉的故事。《大武汉故事丛书》编纂旨趣意在通过讲故事彰显武汉城市的“地方性”，因此，这将是一部充满浓郁“汉味”“汉腔”的武汉文史读物。读者从书中将会看到三镇鼎立两江汇、大江大湖大武汉的独特的城市风景，感受到武汉人豪放劲朗、趋新尚变、敢为人先的鲜明个性，体会到武汉开放包容、崇实尚利、浪漫时尚的汉韵楚风。

多年前，我在为《武汉史话丛书》撰写编撰缘起时，曾言：“城市历史的记忆材料不仅仅是一种读物，它还是城市精神的重要载体。透过它，人们能触摸城市往昔和现在的心跳，与城市进行超越时空的精神对话。在这种神交式的精神对话中找到重塑现代城市精神的原点，开拓城市新的美好的未来！”愿《大武汉故事丛书》能为传承城市记忆、传播城市本土文化价值观、重塑城市精神尽绵薄之力！

是为序。

乙未秋月于后官湖畔之自在心舍

目　录

武汉湖泊简述

大江、大湖、大武汉。近代历史上，中国被冠以“大”的城市只有“大上海”和“大武汉”。武汉之大，大在什么地方？对此人们有多种回答，但是无论是城市规模还是经济总量，目前都还排不到全国大城市前5位，只有江湖水域面积之大在全国各大城市中首屈一指。

武汉市是湖北省省会，华中地区第一大城市，武汉城市圈核心城市，长江中游城市群中心城市，国务院定位的中部崛起战略支点城市，建设中的国家中心城市。武汉地处长江、汉水交汇点，两江将城市分为汉口、汉阳以及武昌三个部分，固有“武汉三镇”之称，又有“江城”的美誉。

武汉位于古代云梦泽境内，市内湖泊众多，素有“百湖之市”之称，现存大小湖泊166个，正常水位时，湖泊水面面积 779 平方千米，为中国各大城市之最。

武汉湖泊星罗，江河纵横，湖港交织，河湖相连，全市水域面积 2117.6 平方千米，占全市市区面积的 25%。武汉湖泊主要为河流沉积湖类型，受长江和汉水影响，武昌、汉口、汉阳三镇的中心城区有湖泊 40 个，占总量的 24%。在长江以南低山丘岗与洼地相间分布有东湖、沙湖、严西湖、严东湖、北湖、竹子湖、青潭湖、豹澥湖、杨春湖、南湖、野芷湖、汤逊湖和远郊的黄家湖、青菱湖、野湖、梁子湖、斧头湖、牛山湖等。长江以北汉水以西与江南类似，低山与丘岗相间，自东往西分布有月湖、墨水湖、龙阳湖、南太子湖、北太子湖、三角湖、硃山湖、小奓湖、官莲湖、张家大湖、沉湖、西湖等。长江以北汉水以东中心城区和近郊区地势低平，城市发展中湖泊退化迅速，近郊主要为原东西湖围垦残余湖泊，较大的有东大湖、张毕湖、竹叶海、杜公湖等；远郊的黄陂、新洲两个区位于大别山余脉和沿江平原交接区，湖泊主要有武湖、涨渡湖、安仁湖、盘龙湖等。

武汉湖泊因地形条件、江河分割和人工堤坝等因素影响，形成以若干大湖为中心的水系流域结构。主要水系有东湖—沙湖水系、汤逊湖水系、北湖水系、汉口后湖水系、墨水湖—龙阳湖—南太子湖（北太子湖）水系、东西湖水系、梁子湖水系、鲁湖—斧头湖—西梁湖水系、武湖水系、涨渡湖水系等。

北半球亚热带湿润季风气候的武汉地区，长年雨量充沛，日照充足，冬冷夏热，四季分明。全市多年平均降水量达1240.6毫米，高于中国北方各大城市。武汉166个湖泊总容积达19.53亿立方米。武汉人均拥有淡水水量是全国人均拥有淡水水量的40倍。因武汉得水独厚，1996年联合国人类住区会议宣布武汉为世界少有的可持续发展城市之一。

武汉湖泊的气候条件和水文条件优越，为各类生物生长发育提供了有利的生态环境，浮游生物、底栖动物、水生维管束植物、鱼类、鸟类等生物种类多样、数量丰富。例如，武汉市境内的鱼类，20世纪80年代共有20科以上100余种，列入国家保护物种名录的鱼类有中华鲟、白鲟、胭脂鱼。又如，武汉湖泊鸟类涵盖留鸟、夏候鸟、冬候鸟、季节性迁徙、旅鸟等5大类型。其中省级保护鸟类10种、二级保护鸟类9种、濒危鸟类2种，仅水禽就有雁、鹳、鹈等，隶属8目、14科、54种。

武汉湿地资源丰富，有河流、湖泊、沼泽、稻田、库塘5大类以及永久性河流、泛洪平原湿地、永久性淡水湖、草本沼泽、库塘和稻田6大类，湿地总面积达3148.24平方千米，占武汉市面积的37.6%，其中湖泊湿地面积960.94平方千米，占湿地总面积的31%，在天然湿地中面积最大。市内湿地野生动物资源十分丰富，有野生动物293种，属国家重点保护的有38种，其中国家一级保护动物10种，二级保护动物28种。截至2013年，武汉市建成蔡甸沉湖湿地自然保护区、新洲涨渡湖湿地自然保护区、江夏上涉湖湿地自然保护区、汉南武湖湿地自然保护区、黄陂草湖湿地自然保护区等5个湿地自然保护区和东湖国家湿地公园、杜公湖湿地公园、后官湖湿地公园、藏龙岛湿地公园、金银湖湿地公园等5个湿地公园。

武汉湖泊的开发利用，除湖泊蓄水、防洪、灌溉、水产养殖和渔业捕捞等方面之外，湖泊作为生物多样性保护基地、湖泊滩地开发以及湖泊旅游正方兴未艾。

在武汉市旅游资源体系中，以天然湖泊为主的水域风光占总量的17.1%。武汉湖泊的旅游资源优势显著，一些湖泊旅游资源凭借高等级的游憩价值，良好的口碑和卓有成效的市场营销而具有吸引力和知名度，如东湖、梁子湖、月湖等。近年来，武汉市在传统的大东湖旅游区、月湖、南湖、汤逊湖、严西湖、梁子湖风景区、武昌六湖连通、汉阳六湖连通、涨渡湖湿地自然保护区、知音湖等湖泊观光产品基础上，相继开发以金银湖、巨龙湖生态园等为代表的休闲度假旅游区。

武汉江湖湿地密布的地理环境，对武汉人的习俗产生深刻影响。武汉三镇以及市内许多地名，都以江河湖泊地域、地形命名，如汉口、汉阳、江夏（今“武昌”古称“江夏”），集家嘴、岳家嘴、六渡桥、花桥、白沙洲、天兴洲、张公堤、腰路堤、武泰闸、金家墩、八古墩等。武汉人爱水，休闲娱乐、野炊野钓、徒步锻炼等喜欢相约湖畔，夏季纳凉喜欢到江河湖泊游泳。武汉名菜、名小吃，如清蒸武昌鱼、红烧鮰鱼、荷塘三宝、三鲜豆皮、油炸面窝等，食材大多来源于淡水鱼类和水生蔬菜、谷物。依湖而建的别墅、小区更受市民追捧。郊区种植、养殖、捕捞等生产习俗也无不打上湖泊的印记。因此，武汉湖泊具有浓厚的人文气息。

国家5A级东湖风景名胜区既是自然旅游资源，又是楚文化、现代革命文化氛围浓郁之地，具有显著的人文历史特征。汉阳月湖凭知音文化蜚声全国。汉口盘龙湖以盘龙城文化闻名遐迩。武昌南湖以辛亥首义文化特色鲜明。龙阳湖、紫阳湖、杜公湖等湖泊颇具地域民俗文化特点。这些湖泊文化既是湖泊的灵魂，也是旅游资源的灵魂。

“湖泊是地球妈妈明亮的眼睛”，近几十年来，由于人们不合理的开发利用，武汉市内湖泊数量和面积均大幅度减少，湖泊水质也大幅度下降。为有效保护湖泊，遏制无序填占、侵害湖泊的行为，2002年，我国第一部对湖泊进行全面、综合性管理的地方性法规——《武汉市湖泊保护条例》颁布实施。2005年，武汉市被列为国家首批开展水生态系统保护与修复试点的城市之一，先后投资数十亿元，相继实施“一湖一景”、“清水入湖”等湖泊治理与保护工程。2007年起，武汉市水务局等有关部门着手编制《中心城区湖泊“三线一路”保护规划》。同年底，武汉市投资30多亿元，启动武汉湖泊保护与治理的最大手笔——“大东湖水网”工程。2010年，《武汉市湖泊整治管理办法》明确规定蓝线为湖泊最高控制水位；

湖泊绿化用地线以湖泊水域线为基线，向外延伸不少于30米。绿线保护区内，除按照规划建设必要的市政公用设施外，禁止建设任何建筑物、构筑物。2012年，武汉全面启动湖长负责制，各城区政府、开发区以及风景区管委会负责各自管理区域内的湖泊整治，每个城区的区长成为所管辖区域湖泊的湖长。2015年1月9日，武汉市人大常委会表决通过新修订的《武汉市湖泊保护条例》，此为自2002年3月该条例开始实施后的第三次修改，被誉为“最严湖泊保护条例”。该条例在重新核定湖泊“家底”的基础上，明确涉及湖泊生态底线的调整应先报市人大审议，对破坏湖泊行为可“按日连罚”。与此同时，民间自发的爱湖、护湖行动正方兴未艾。2010年，武汉“爱我百湖”志愿者组织成立，几年时间里，参加“爱我百湖”的志愿者多达上万人。相信经过政府和民间的共同努力，作为武汉重要的城市水体形态和财富资源的湖泊，必会得到有效的保护。

《武汉湖泊故事》从武汉市166个湖泊中选取18个文化底蕴深厚的湖泊为代表，并从这些湖泊众多的故事中筛选82个优秀的民间传说、人物、历史及革命故事呈献给读者，人们可以在欣赏武汉美丽的湖泊自然风光的同时，也可以从故事里面感受武汉湖泊浓厚的人文气息，体验武汉湖泊深厚的文化氛围，了解到武汉湖泊与城市两个文明建设、市民物质精神生活息息相关，从而更加欣赏、爱惜武汉湖泊，自觉保护湖泊生态环境，科学开发利用湖泊资源。

三镇江南湖泊

东湖

武汉东湖位于武昌东部城市二环线与三环线之间，湖泊面积 33 平方千米，是中国乃至亚洲最大的城中湖，加上沿湖陆地风景区，面积达 80 余平方千米。东湖湖岸蜿蜒曲折，港汊交错，素有九十九湾之说。东湖地形起伏多态，南部群峰相连，山水相映；北面平坦舒展，水天一色；东边坡地郁郁葱葱，碧水蓝天；西岸阶地高楼林立，城市和湖泊相得益彰。

自古以来，东湖就是游览胜地，留下许多伟人、名人的足印：屈原在东湖“泽畔行吟”；刘备在东湖磨山设坛祭天；南宋诗人袁说友用“只说西湖在帝都，武昌新又说

秋天的东湖

东湖”赞美东湖；李白在东湖湖畔放鹰题诗;毛泽东在新中国成立后先后48次到东湖，接待了64个国家的94批外国政要；朱德在东湖写下“东湖暂让西湖好，今后将比西湖强”的诗句……

1950年，国家开始在东湖兴建风景区。东湖风景区1982年被国务院列为首批国家重点风景区，每年接待中外游客200万人次；1999年被国家授予“全国文明风景旅游区示范点”；2000年成为国家首批AAAA级旅游景区；2002年通过ISO14001环境管理体系认证；2013年，武汉市东湖风景区获批为国家5A级旅游景区，全年接待游客570多万人次。

东湖风景区经过半个多世纪的建设，形成听涛区、磨山区、珞洪区、落雁区、吹笛区和白马区等6个各具特色的游览区。现今开放的听涛、磨山、吹笛、落雁四大景区，景观景点100多处。风景区33平方千米的浩瀚水域，由郭郑湖、汤菱湖、小潭湖等11个大小湖泊构成；落雁岛等120多个岛渚星罗；112千米湖岸线蜿蜒曲折，磨山、洪山、珞珈山等34座环湖山峰绵延起伏；10000余亩山林林木葱郁，植物种类繁多，还有大量百年以上的古树名木；风景区内陆生脊椎动物，尤其是鸟类较为丰富，涵盖了留鸟、夏候鸟、冬候鸟、季节性迁徙、旅鸟等五大类型。依山傍湖的东湖梅园，为江南四大梅园之一。东湖磨山樱花园，拥有上万株樱花，荷花园、杜鹃园、桂花园、盆景园、水生花卉园各显特色。湖水镜映，山体如屏，山色如画的东湖一年四季景色宜人：春季山青水绿、鸟语莺歌；夏季水上泛舟，清爽宜人；秋季红叶满山，丹桂飘香；冬季踏雪赏梅，沁雅寻幽。东湖是武汉最大的楚文化游览中心，楚风浓郁，楚韵精妙，行吟阁闻名遐迩，离骚碑被赞有“三绝”，楚天台气势磅礴，楚才园名人荟萃，楚市、屈原塑像、屈原纪念馆，内涵丰富，美名远扬，文化底蕴厚重深远。

东湖周边聚集了武汉大学、华中科技大学、中国地质大学（武汉)、武汉体育学院等26所高等院校，中科院武汉植物园、水生物研究所等56个国家级、省部属科研院所，东湖新技术开发区国家

武汉大学

光电子产业基地——中国光谷，光谷商圈，湖北省博物馆，湖北省美术馆等博物馆、文化馆，东湖宾馆等高级酒店和欢乐谷等众多的旅游、休闲娱乐设施，以及各具特色的茶楼酒肆、农家乐等。

美丽的东湖，历史文化底蕴深厚，旅游资源丰富，高新技术产业集群，现代服务业发达，是中国乃至世界的一颗耀眼的明珠。

1. 龙太子化美玉成东湖

传说龙太子有一块宝玉，硕大晶莹，美丽无比，太子对它爱不释手，配上彩带，饰以美穗，整天戴在身上。一日，路过东湖一带，美玉不慎跌落人间，太子紧追下去，想把它衔回去，但美玉就地化作湖泊，彩带化作江河，美穗则变成湖湾、港汊，弯弯曲曲的有 120 多个。龙太子也随之化为山峦，龙头就是现在的磨山，故磨山也有“龙头山”的美称。

2. 屈原鄂渚行吟

屈原，名平，字原，湖北秭归东北乐平里人，生于楚宣王三十年（公元前 340 年），卒于楚顷襄王二十一年（公元前 278 年）。

屈原是楚武王熊通之子屈瑕的后裔。据《史记·屈原列传》记载：屈原离开楚国郢都（今湖北荆州）后沿长江东下到陵阳（今安徽青阳县陵阳镇），不久，又溯江而上抵达鄂渚，行吟于大湖之畔。另有传说：屈原放逐江南溆浦，绕道鄂渚，行吟泽畔。

屈原诗“登大坟以远望兮，聊以舒吾忧心”（《九章·哀郢》），郭沫若解释说大坟即今汉阳龟山。清人李鼎元诗《登大别山》有“鄂渚沙寒悲屈子”的句子。朱熹在《楚辞集注》注释：“鄂渚，地名，今鄂州也。”其实在朱熹之前，鄂渚即今武昌的代称，《梁书·张缵传》：“经道途于鄂渚，迹孙氏之霸业”；南宋王象之编撰《舆地纪胜》中提及“鄂渚”位于“江夏西，黄鹄矶上三百步”，大约是今武昌临江大道和张之洞路一带。古代江夏长江南岸蛇山（古时不叫蛇山）南坡下是一片漫无边际的大湖。所谓“鄂渚”，指的是江夏大泽之畔。

今天的武昌东湖风景区行吟阁，就是取屈原于鄂渚行吟之古意。

行吟阁

传说屈原来到江夏，自感满腔抱负无法施展，一人孤零零地来到一片大湖旁边，只见远山近水一片苍凉，百感交集，大放悲歌：“后皇嘉树，桔来福兮，受命不迁，生南国兮……”

公元前 278 年，秦大将白起率兵攻破楚国都城郢，楚顷襄王仓皇出逃，对于被放逐九年漂泊江湖的屈原来说是一个致命的打击，国破家亡，人生无望，这年五月初五，抱石沉于汨罗江——“临元湘之玄渊兮，遂自忍而沉流”（《九章·惜往日》）是他临终前的诗句。

3. 刘备磨山祭天

传说三国时期，刘备先后两次在东湖畔磨山顶举行“祭天”仪式。刘备在东湖磨山设坛祭天，三朝史志均有记载。《大明一统志》（卷五十九）中记载：“郊天坛在府城东一十里，今名磨儿山，世传汉昭烈帝祭天于此。”嘉庆年间重修的《大清一统志》记载：“郊天坛在江夏县东十五里磨耳山，相传汉昭烈帝祭天于此。”《江夏县志》记载：“郊天坛旧址在磨儿山，相传汉昭烈祭天处。”《湖北通志》（卷十五）也记载：“郊天坛，在县东十五里磨儿山，相传汉昭烈帝祭天于此。”汉昭烈帝即刘备。

赤壁大战后，刘备攻取荆州。孙权和周瑜想伺机夺回。东汉建安十三年（公元 208 年），刘备甘夫人亡故，孙权许诺以妹嫁之，想把刘备诱骗到南徐（今镇江），再加害于他。在诸葛亮的谋划下，刘备将计就计，乘船南下。船至武昌，刘备心里不安。赵云等人劝道：“主公，沿途江南

东湖磨山

磨山景区

美景甚好，我们上岸骑马散散心吧。”于是刘备一行人骑马来到今天的东湖，沿途观花赏景。只见岛屿星罗，湖泊纵横，风光旖旎。湖边拂动的芦苇丛中，不时飞出野鸭、野雁。刘备心旷神怡，不觉来到一座山下。不料，突然怪风大作，刘备马失前蹄，摔在地上，帽子也吹得无影无踪。刘备大惊，认为这是不好的兆头，立即弃马登上山顶。在山顶上，刘备鸟瞰东湖，烟波浩渺，渔歌阵阵，远处山峦起伏，美景尽收眼底，顿觉心胸豁然开朗。他问一樵夫，此山是什么山，樵夫告诉他，此山叫“无名山”。刘备见此山六峰插入湖心，峰峰山形如磨，便给它取名“磨儿山”。六峰之中，东峰海拔最高，宛如戏水龙头插入湖心，南半山腰处有泉水汩汩喷出流入湖中。刘备给东山头取名为“青龙嘴”。东峰山头，树木山藤互为缠绕，郁郁苍苍，生机盎然。刘备在此搭台祭天，祈求上苍保佑他此次东行一路平安。刘备祭天之后，天空立刻转晴。刘备继续东行，到达东吴。吴国太后看中他的英雄长相，逼迫孙权将妹妹真的嫁给他。刘备心中高兴，再来磨山东一峰再次搭台祭天，感谢上苍垂爱。刘备后来常称道，多亏在东湖磨山设台祭天，有神灵保护，才能逢凶化吉。

刘备在此山祭天的那一年因还没有称帝，只是大汉帝国政权的一方诸侯，依照“天授君权”的传统，祭天只能是君王，诸侯可以祭地不可祭天，所以刘备将祭天名为“郊天”，就是在郊野拜告上天和神灵的意思。因为刘备两次祭天的这个传说，此地被当地百姓称为福地，即趋吉避凶、时来运转之地。

关于刘备磨山祭天，还有一种说法。赤壁大战前，刘备曾在此祭天。古代有在大战之前祭天的习惯，尤其在生死攸关的大战前。

此时，曹操经官渡之战，灭了袁绍，北方已无大的军事集团与其抗争，唯一使他忧虑的是江东和荆州。建安十三年（公元208年），曹操趁刘表新死，亲自率领20万大军，南下进攻荆州。刘表的次子刘琮刚继承荆州牧的职位，便派使节向曹操请降。刘备驻扎在樊城，一无所知，突闻曹军攻来，慌忙率领兵马向南撤离。刘备素来爱民如子，全城的老百姓都不愿意离开他，刘备也不忍舍弃老百姓。刘备大军带领着老百姓，一天只能走十多里路。身后的曹操亲率五千精锐骑兵急速追击，日行三百余里，终于在当阳县长坂坡追上刘备，演绎出赵云万军丛中救幼主、张飞喝断长坂桥精彩的一幕。半道刘备与刘表长子、江夏太守刘琦所率的万余人马相遇，与

东湖二十三孔景桥

刘琦一同到了夏口（今武昌）。

东湖远眺梅岭一号

刘备与曹军隔江对峙，曹操准备船只即将渡江南下，形势十分危急。刘备派诸葛亮到江东，诸葛亮舌战群儒，终于说服孙权共同抗曹。孙权派周瑜、程普率水军数万，屯兵三江口，与夏口的刘备互为犄角，共同对抗江北的曹操。

此时的东湖与长江相通，是江南训练水师的地方。刘备听到东吴愿意共同抗曹的消息非常高兴，便带领随从巡视水军，登上磨山东部第一峰。刘备放眼看去，只见千顷澄碧，风景如画，两岸战船林立。他想：如此大好江山，怎能拱手相让？与曹操的决战，胜败在此一役。我要在此天赐美景之中，祷告上苍，求苍天助我，剿灭曹贼，匡扶汉室。于是刘备忙命人在磨山顶修筑郊天坛。所谓“郊”就是“祭”的意思。翌日，刘备沐浴更衣，与东吴来报信的鲁肃一起，登上郊天坛，歃血为盟，祭天灵保佑此战必胜。

随后，赤壁一战，庞士元拜见曹操，假献“连环计”，诸葛亮登七星坛巧借东风，老将军黄盖甘受苦肉计，助周瑜火烧曹营三百里。曹军远道而来，疲惫不堪，且不习水战，此时风助火势，火借风威，曹军大溃而逃。刘备、关羽也率领江夏、夏口水陆大军出击，两头夹击曹军，曹操仓皇而逃。若不是华容道关羽义释曹操，曹操早已命丧此役，三国的历史又将重写。赤壁之战，孙、刘联军5万击败了曹操20万大军，是中国历史上以少胜多的著名战役。此役后，孙权的江东地位更加巩固，刘备占领了荆州大部分地区，后又向西取得益州，曹操暂时退回中原。正是赤壁之战，奠定了魏、蜀、吴三国鼎立的局面。

4. 关羽卓刀得泉

在东湖南岸有一个地名叫卓刀泉。据《湖北通志》记载："关公行军于此，以刀卓地得泉。"

相传，张飞大闹长坂坡后，关羽迎接刘备一行从当阳来夏口（今武汉）驻军伏虎山一带。这年，夏口大旱，浩瀚无边的东湖几近干涸。刘、关数万大军兵士马匹的日常饮水成燃眉之急，派出去寻找水源的几队人马均失望而回，眼看大家就要困死在这伏虎山上，关羽心急如焚，亲自带人外出寻找水源，三天过去，看中东湖边一块洼地，沐浴更衣，焚香祭告，企求神灵，假如天不灭刘备，让我关羽今天掘地出泉，如得所愿，愿修庙建井以谢神灵相助。许愿完毕，关羽气运丹田，手执青龙偃月刀，卓刀于地，寥寥数下，一股清泉从石土中喷薄而出长流不止，数万大军得解干渴。关羽下令在泉水涌流处建庙造井，从此便有了卓刀泉和卓刀泉庙。传说这眼泉水十分神奇，每天溢出的水不多不少刚刚够刘关大军之需。

关于卓刀泉还有一个传说。有一天，关羽率领着一支人马路过这里，此时正是三伏热天，酷暑难当，出外找水的士兵一无所获。第二天清早，关羽下令集合队伍，见将士们口干舌燥，个个无精打采，士气低落，关羽急忙派出贴身随从，找来一个白胡子老头，问他这里为什么这样缺水。老头说：“这里本是山清水秀的好地方，不知从何处来了一个老虎精，作恶多端，每逢过年过节，老百姓要向它献上一对童男童女上供。”刚说到这里，突然传来一声声怪叫，随后一阵狂风，吹得乱石滚动，人们都站立不稳，关羽只看见一只金睛白额猛虎正张牙舞爪地朝他扑来。他不慌不忙，大喝一声，随手祭起那把青龙偃月刀。大刀金光一闪，瞬时化成一条青龙，呼啸着向猛虎扑去。猛虎不甘示弱，一纵身向青龙窜来。龙虎相斗，直杀得飞沙走石，天昏地暗。大约斗了半个时辰，青龙越斗越勇，上下翻腾，猛虎开始招架不住。最后，猛虎惨叫一声，趴在地上，身上冒出股股白烟，转眼功夫就变成一座光秃秃白乎乎的石头山。青龙降伏了猛虎，高兴地“嘶嘶”直叫，又变成一把大刀飞回到关羽的手中。关羽以刀卓地，仰天哈哈大笑，就在他以刀卓地的地方，突然喷涌出一股碧绿的泉水。将士们畅饮后，顿觉神清气爽，精神百倍，身上的疾病全部消除。关羽将手中的青龙偃月刀放

东湖雁洲索桥

磨山远眺

在泉水里沾湿，挥刀向石山洒去，刚才还是光秃秃的石山顿时变成一座青松林立、鸟语花香的花果山。此时，忽然从右边的一座山上传来一阵悦耳的乐声，好像是玉笛轻吹，优美动听。后来，人们就把这眼泉取名为“卓刀泉”，虎精化成的山叫“伏虎山”，传来玉笛声的那座山就叫“吹笛山”。人们喝了卓刀泉的水后，有病的病好，有灾的灾消。

5. 李白东湖放鹰

东湖放鹰台的得名，一说是李白在此观看放鹰，一说是李白访李邕故居后，在湖边发现一只小鹰被套住，便解开套子，放飞了小鹰。

相传，唐代大诗人李白在安陆成家后，还想在官场上建功立业，于是四处拜谒名人，但处处碰壁，十分沮丧。公元760年，他来到江夏，去访问东郊李邕故居，只见故居中堂墙上挂着李邕书写的“学我者死，逆我者俗”，龙飞凤舞，气势不凡。李白问及仆人，才知道李邕死后，家境贫寒，其子到梁子湖边的龙泉寺当和尚去了。

李邕生前高官厚禄，字写得极好，名气极大，因为在官场上爱说直话遭到非议，后代衣食不保。想到这里，李白感到难过，沿洪山北麓向东信步走去，路边草丛中见一只小鹰被猎人下套套住，挣扎得十分悲苦，心中十分不忍，上前解开套子，小鹰展翅绕着他盘旋两圈后飞上蓝天。

望着越飞越高的小鹰，李白豁然开朗，随即吟诵《观放白鹰》二首："八月边风高，胡鹰白锦毛。孤飞一片雪，百里见秋毫。""寒冬十二月，苍鹰八九毛。寄言燕雀莫相啅，自有云霄万里高。"此后，人们便称此地为"放鹰台"。

6. 毛泽东在东湖

毛泽东少年时深受楚文化影响。东湖深厚的楚文化底蕴，给他留下深刻印象。武汉素有"九省通衢"之称，北至北京、南至广州、东至上海、西至成都，坐火车均可朝发夕至，毛泽东由此到各地视察都十分方便。尤其是长江和汉水在这里交汇，武汉又有"江城"之美誉，加之东湖水面辽阔，大而美，符合毛泽东的审美情趣。从1953年到1974年，毛泽东曾48次到东湖，东湖成为毛泽东新中国成立后除中南海外居住时间最长的地方。

东湖荷风桥

毛泽东曾著文赞叹东湖："湖北地处中原，扼守着长江和京广路上的咽喉，战略地位十分重要。东湖比西湖好，这里有长江，夏天还可以游泳，东湖的樟树、桂花树、竹子……风景真好。四周的柳树、水杉树甚多，对岸是老虎尾，远处是中山亭，那边是珞珈山，茂密的树林里是武汉大学校址。东湖真好！”

1950 年，新中国成立不久，中共中央中南局负责人邓子恢、李雪峰准备兴建招待所，看中东湖梅岭南山临湖的一块荒地。经过修整，1952 年，在此盖起一座凹型青砖瓦房，即南山甲所。1958 年，中共湖北省委在离甲所不远处扩建东湖宾馆，1959 年底梅岭一号竣工，随后梅岭二号、三号相继竣工。1953 年 2 月，毛泽东在新中国成立后第一次来武汉，下榻原中南局招待所，即现在汉口惠济饭店内的一栋平房式别墅。1956 年 5 月起，毛泽东来武汉都下榻南山甲所。1960 年起改住梅岭一号，直至 1974 年。

梅岭院内林路通幽、高树如云、鹭飞鹤翔，毛泽东喜爱的松、竹、梅等各种佳卉珍木随处可见。梅岭一号是毛泽东新中国成立后，除北京中南海外居住次数最多、居住时间最长的地方。毛泽东来梅岭一号居住，每年少则一次，多则三次，居住时间短则一月，长则半年。他在这里曾日理万机处理各种国内外大事，接见许多中外名人及国际友人，组织了对苏

东湖远眺武汉大学

联的“九评”论战，并在此写下诗词《水调歌头·游泳》。

毛泽东酷爱东湖梅花 1961年冬，他读陆游咏梅词，反其意而用之，写下《卜算子·咏梅》：

风雨送春归，
飞雪迎春到。
已是悬崖百丈冰，
犹有花枝俏。

俏也不争春，
只把春来报。
待到山花烂漫时，
她在丛中笑。

词中描绘出梅花傲寒俊俏、挺拔不屈的气节，毛泽东以诗言志，也借梅寄志，表达了自己对梅花高贵品质的热爱。

在东湖，毛泽东最喜爱的赏梅地有两处，一是听涛景区的露天剧场，“梅岭一号”以东约300米处，为东湖早年举办梅花展览之地。二为听涛小梅岭，大片梅树错落有致。

毛泽东在东湖探讨兴建三峡大坝和南水北调工程 1953年2月16日，毛泽东在新中国成立后第一次到武汉，视察汉水两岸，坐木船游览了东湖。19 日，在汉的长江水利委员会主任林一山接到中南局通知，让他陪同毛泽东登上“长江”舰，前往南京。在“长江”舰上，毛泽东和林一山就三峡大坝的兴建和南水北调等问题进行了讨论。轮船将要抵达南京时，毛泽东对林一山说：三峡问题暂时不考虑开工，我只是先摸个底，但南水北调工作要抓紧。

随后林一山即派出勘察队，经多次考察，先后设计了三条可能的引水线路。其中一条就是在丹江口建水库，引汉（水）济黄(河)。1958 年 8 月，《中共中央关于水利工作的指示》颁布，第一次正式提出南水北调。同年 9 月 1 日，丹江口水利枢纽工程开工，初期工程在 1974 年全部完成。

从 1953 年至 1958 年，毛泽东来武汉和下榻东湖梅岭期间，多次召见林一山，探讨修建三峡大坝和南水北调工程的构想，并称林一山为“长江王”。

毛泽东在东湖为武汉长江大桥题词 1953 年 2 月，毛泽东在新中国成立后第一次来武汉时，亲自到黄鹤楼一带勘察，决定在龟山和蛇山之间架设武汉长江大桥。大桥建设期间，毛泽东多次来到工地。1957 年9 月大桥通车前夕，毛泽东来到桥面，从汉阳桥头一直走到武昌桥头堡。晚上回到东湖梅岭后写下：“一桥飞架南北，天堑变通途。”至今，镌刻着这几个遒劲大字的纪念碑仍矗立在桥头。

毛泽东在东湖赞赏清蒸武昌鱼菜肴 填词《水调歌头·游泳》 1956 年 5 月 31 日，毛泽东由长沙抵武汉，乘船视察武汉长江大桥建设工地，并饶有兴趣地畅游了长江。这是毛泽东首次畅游长江。游完后，他非常高兴，回到东湖小憩，用中餐。在东湖的听涛酒家，特级厨师杨纯清为毛泽东精心烹制了四菜一汤：清蒸武昌鱼、烧鱼块、回锅猪肉、炒青菜、榨菜肉丝汤。毛泽东喝了一小杯茅台酒，吃光了武昌鱼。趁着酒兴，他吟出“才饮长沙水，又食武昌鱼”的著名诗句，并即兴挥毫写出《水调歌头·游泳》。他连连夸奖杨师傅的武昌鱼做得好，并说武昌鱼还有不少典故：岑参有“秋来倍忆武昌鱼，梦魂只在巴陵道”，马祖常有“携幼归来拜丘陇，南游莫忘武昌鱼”。当晚，杨纯清和几个工作人员正在东湖宾馆休息，毛泽东笑容满面地走过来说：“杨师傅，你做的鳊鱼非常不错。”说罢，从口袋里掏出一张条幅：“我刚刚填写了一首词，送给你要不要呀？杨师傅，不吃你做的武昌鱼，我是填不出词来的。”《水调歌头·游泳》原稿从此由杨师傅珍藏。从此，东湖的听涛酒家就有了“清蒸武昌鱼”这道名菜。而后，听涛酒家又开发出红烧武昌鱼、葱烧武昌鱼等系列风味，武昌鱼也就成了听涛酒家的招牌菜。

东湖华亭双月

毛泽东在东湖指挥炮击金门和华沙谈判 1958年，中东局势骤然紧张。美国一

东湖清河桥

面入侵黎巴嫩，一面支持蒋介石骚扰大陆。蒋介石扬言要反攻大陆，从美国购买 U2 高空侦察机，经常轰炸福建沿海，并空投特务。此前，美蒋曾签订《共同防御条约》，美国第七舰队也开到台湾海峡“巡逻”。这年 4 月，毛泽东由重庆乘“江峡”轮到武汉后，下榻东湖梅岭南山甲所，就一直在分析国际国内形势。经反复思考，毛泽东将目光锁定在金门，决定从这里入手，“直接对蒋，间接对美”。8 月 23 日，毛泽东在北戴河下令炮击金门。4 天后，艾森豪威尔发表讲话，美国将注意力从中东转至远东。9 月，毛泽东离京来汉，在南山甲所就炮击金门和中美华沙谈判问题给周恩来、黄克诚写信，提出炮击金门集中打与打零炮相结合的策略。9 月 15 日起，中美代表在华沙谈判，中方要求美国停止干涉中国内政，撤出在台湾海峡的一切武装力量，不再向我领海领空军事挑衅。毛泽东这种将军事、政治、外交斗争结合在一起，彻底挫败美国“划海而治”分裂中国的意图，军事界称之为“世界战争史上的奇观”。

毛泽东在东湖思考如何发展中国、建设中国等重大问题 1959 年，毛泽东经过冷静思考，针对全国的共产风，在梅岭一号给各省市区党委第一书记写了《关于召开县的五级干部大会和人民公社第一次社员代表大会问题》的党内通讯，信中写道："过去几个月中因为某些措施失当，吹共产风，一平二调三收款，暂时脱离了群众，党的干部一定要每日每时关心群众利益，时刻想到自己的政策措施一定要适合当前群众的觉悟水平和当前群众的迫切要求。凡是违背这两条的，一定行不通，一定要失败。"1960年，毛泽东第十一次到东湖，召集王任重、王延春和部分地委书记座谈人民公社问题。在会上，毛泽东把大家反映的情况归纳为高指标、浮夸风，一平二调的共产风，生产上的瞎指挥风，他强调"三风"不可长，必须认真解决。1969年10月到1970年4月，毛泽东住在东湖，这期间，他强调要加强三线建设，抓紧修好焦枝铁路，开发江汉油田和兴建葛洲坝工程。

毛泽东在东湖提出"实践是检验真理的唯一标准" 1963年11月，刘少奇、邓小平等人在东湖宾馆撰写《在战争与和平问题上的两条路线——五评苏共中央公开信》，此文打印出来后，毛泽东修改时，加注了"社会实践是检验真理的唯一标准……"等语。该文原稿现存于中央档案馆。

东湖北洋桥

毛泽东在东湖提议邓小平第二次复出 1974年7月至10月，毛泽东最后一次住在东湖梅岭，其间前后接待 5 批来自第三世界的国家元首及政要，有 3 次邓小平作为陪同团团长出席。毛泽东在中外媒体记者面前称赞邓小平："绵里藏针，柔中有刚，政治思想强，人才难得。"

邓小平在"文革"中遭受迫害，直至 1973 年才恢复党组织生活和国务院副总理职务。次年 7 月，毛泽东来到东湖梅岭后，经过反复思考，决定将邓小平推到党政军领导的第一线。10 月 4 日下午，他让秘书电告北京，提议邓小平担任中共中央副主席、国务院第一副总理、中央军委副主席兼中国人民解放军总参谋长。

毛泽东在东湖接见 64 国的94 批外宾　1958 年至 1974 年，毛泽东先后在东湖宾馆接见来自 64 个国家的 94 批外宾。其中包括朝鲜领导人金日成，越南劳动党主席胡志明，柬埔寨西哈努克亲王，朝鲜最高人民会议常任委员会、劳动党中央委员会副委员长朴金拮，古巴起义青年协会主席霍埃尔·伊格来西亚斯少校，阿尔及利亚共和国副总理兼外交部长克里姆·贝勒卡塞姆，尼泊尔王国太子比兰德拉·沙阿等 22 批由国家元首、政府首脑或副总理、副议长或部长率队的代表团及埃德加·斯诺，安娜·路易斯·斯特朗，韩素音，英国陆军元帅蒙哥马利，美国著名黑人学者、世界和平理事会理事杜波伊斯博士及夫人，日本社会党访华代表团团长浅沼稻次郎等众多国际知名人士。1966 年 7 月，毛泽东在东湖梅岭接见出席"亚非作家紧急会议"的 160 多名代表，这些代表来自 52 个国家。

沙湖

地处武昌内环线以内的外沙湖和内沙湖，历史上是同一个湖泊，统称“沙湖”。据清同治《江夏县志》记载，“沙湖在县东北一里”。清末修筑粤汉铁路，穿湖而过，将沙湖分割成两个部分，路西为小沙湖，又名“内沙湖”，路东为大沙湖，又名“外沙湖”。沙湖曾经是武汉市仅次于东湖的第二大“城中湖”，是武汉市内环线以内唯一面积超过 3 平方千米的湖泊。

沙湖属于东湖—沙湖水系，位于长江南岸武昌区。其西部滨长江，东、南、西三面丘陵连绵起伏，关山以西的丘岗为该水系与北湖、梁子湖、汤逊湖等湖泊水系的分水岭。

1914 年，徐么、叶保善、张主臣、陈春山、李春亭等人向湖北省公产处承租沙湖，邀新洲、汉阳人移居筑埂种藕，1949 年有 80 户在北城角定居。新中国成立后，1950 年由武昌区湖淌管理所接管，湖边种藕，湖中养鱼。1956 年交藕民经营。次年，建沙湖蔬菜合作社，隶属积玉桥街。1958 年改为农场。此后，因城市建设导致水面逐年减少。

内沙湖

外沙湖

1979年改建沙湖大队，藕田溃埂，弃藕养鱼。1984年水面由渔业队集体承包，实行综合经营。1985年有166户，产鱼20万千克。

沙湖闻名的人文景观如清末建成的“琴园”和“积玉桥”，均毁于20世纪30年代。随着城市现代化建设，沙湖周边高楼林立，大道纵横，湖面长桥卧波，一派繁华都市景象。从卫星地图鸟瞰沙湖：中北路居湖泊东南，友谊大道居西北，徐东大街、秦园东路居东北，中山路、公正路在西南，沙湖大桥穿越湖泊连接友谊大道和中北路；水岸星城、白玫瑰花苑、水云居、金沙豪庭、梦湖水岸等高端小区楼盘环湖而立，湖北大学、湖北省图书馆新馆、湖北电视大楼等重要文化设施镶嵌其间；位于沙湖与东湖之间的“楚河汉街”则是当今沙湖最靓丽的名片。武汉中心城区最大的湖泊公园——沙湖公园，具有鲜明的湿地特色。

1. 孟宗哭竹冬生笋

“孟宗哭竹”的故事，为中国二十四孝传奇故事之一。关于孟宗故宅和哭竹亭的位置，历来有两种说法，一说在沙湖边，一说在今武昌区凤凰山西南麓。1869年《江夏县志》记述，孟宗的后人将孟宗故宅从城外沙湖边乔迁于城内凤凰山下。

孟宗，字恭武，三国时吴国大臣，官至御史，赠司空。孟宗的父亲箬翁，是汉代的贤士。孟宗一家世居江夏，“曾耕于孟城，渔于南浦，种竹千计”。这里所说的“南浦”便是指南沙湖。传说孟宗幼时丧父，其母守寡将他拉扯大，靠在湖边结网捕鱼和给人做点针线活挣来的钱供他读书。孟宗天性纯孝，自小非常孝敬双亲，父母给食，必跪受；“父母坐必执几，父母行必执杖”。他父亲死时，孟宗守孝三年仍为父亲独留土穴中伤心不已。冬天天冷，孟宗担心母亲受冻，每天晚上总是先到母亲的床上为母暖被。有一年冬天，孟宗的母亲病重，想吃鲜竹笋，孟宗求购无着，万般无奈之下便跑到宅旁竹林中哭泣。由于一片孝心感动上苍，泪水洒落处顿时奇迹般地生出了竹笋。他母亲吃了鲜笋后，病体迅速康复，孟宗也因此获得了“哭孝子”的美名。孟宗哭竹生笋处得名为“哭竹亭”。这个“哭竹生笋”的传奇故事，被记载在《三国志·吴志·孙皓传》裴松之注引的《楚国先贤传》中。

孟宗哭竹

孟宗长大后对母亲仍然很孝顺。据传孟母喜爱楼居，孟宗就与妻子商议，将妻子的陪嫁变卖，建造了一栋楼房。楼成后，他陪着母亲登楼观看，谈笑玩乐。母亲非常高兴，登楼一看，顿觉豁然开朗，神清气爽，随口说道："好，真是好！就是缺亭子和井。"孟宗忙又命人建了一座亭子，凿了一口井，称作"孟井"。待到要将亭子命名为"孟母亭"时，其母说："后人知道了，会说我的。"因而孟母亭又称为"忠老亭"。

孟宗的孝，一传十，十传百。吴侯知道了，便叫人传旨召孟宗进朝做官。

孟宗母子，母贤子孝。据说孟宗曾做过"吴望江雷池监鱼官"，即安徽一带监管渔业的官员。孟宗虽在外做官，但仍时时不忘母亲，每每得到新鲜时令物品，必先寄给母亲，自己不敢先食。有一次，孟宗亲自结网捕鱼，腌成鱼干后寄给母亲。想不到孟母竟退回了干鱼，并在信中斥责孟宗："你身为监渔官，以腌好的鱼干寄给我，你难道不避嫌疑吗？"孟母为了鼓励儿子为官清正廉洁，竟三

沙湖公园

年不吃鱼。孟宗在母亲的教导下，为政颇有业绩。

孟宗的孝行，孟母的贤德，受到了人们的尊崇与传诵。人们为祀吴孝子孟宗，在武昌府城东二里建了一座孟孝感祠。该祠毁于宋建炎年间战乱。宋绍兴年间，知州王信重建孟孝感庙。明初建楚王府时，将庙迁于武昌凤凰山下卫署前。

2. 任桐湖畔造琴园

琴园是清末湖北道员任桐在沙湖边仿《红楼梦》中大观园修建的一座园林。任桐（1868—1932 年），字琴父，浙江永嘉人。自幼喜诗文，稍擅长书画，雅好山水，对园林艺术颇有造诣。辛亥革命后，一度任职于武昌商埠局，与友人筹建盐业公司。辛亥革命后移居沙湖，不闻时事，自号“沙湖居士”。1923 年所著记述沙湖的首部专门志书——《沙湖志》，首次对大沙湖水系进行了总体规划，对景点加以概括、总结、提炼与研究，并就城市湖泊的规划提出了自己独到的见解。

任桐

因琴园是“琴父筑之，琴父居之，乃以己字字之”，乃命名为“琴园”，表达任桐“乐在乎高山流水之间”的志向。

传说 1916 年 8 月初的一天，任桐与

沙湖大桥

陈君出武昌武胜门外，到沟口一带视察商埠情形。忽有一条狗口衔一物从一棵柏树下跑出，见任桐二人经过，受惊将口衔之物弃地而逃。任桐走近一看，是一个刚刚出生的女婴，于是带回家嘱咐夫人邱氏好好抚养。邱氏爱如己出，取名“我改”。这个女婴后来成为任桐的第二个女儿。此后，任桐渐渐转入坦途，一帆风顺。任桐感念于此，加上以前对沙湖的忠爱，于是在 1917 年春购地百亩筑琴园，柏树仍留植园中“渡春桥”侧，以作纪念。

“琴园”依四季造景，春景花柳塘，夏景荷塘，秋景月榭，冬景梅岭，园中还有“乐乐厅”等西洋式建筑。园内楼台布置，景点题咏楹联，均为任桐自作自书。陈设名人字画，金石古董，无不求其精致。进入琴园，回廊曲折，如入无穷之境，亭台楼阁，点缀山水。凡游琴园者，都意犹未尽，流连忘返。

园外修路连通长江与沙湖，名“琴园路”。园林建成后面向社会公众开放，成为轰动一时的新闻。聚居武汉三镇的文人雅士经常聚会于此，康有为应邀作联：“琴谱茶经，轮换风雅；园花池月，悟彻禅机。”琴园名声大噪，可惜毁于抗战，荒土废址，不见当年花和月。此后，琴园路也讹传成“秦园路”。

3. 扬铎与《沙湖三唱》

民国初年曾编著国内首部研究汉剧的著作《汉剧丛谈》，并先后著有《汉剧史考》、《汉剧传统剧目考证》、《汉剧六十年在武汉》等著作的著名汉剧评论家扬铎，与任桐是忘年交。1924年5月，应任桐之约，同游沙湖，被沙湖之美所倾倒。1924—1925年，扬铎先后撰写《沙湖游记》、《沙湖序》和《沙湖征求诗文小启》三篇文章，将三篇文章汇集成册，由任桐题签，名曰甲子、乙丑之间(1924—1925年)《沙湖三唱》。

《沙湖游记》为一唱。扬铎在游记中写道："以琴园为首途，乘舆东行，渡一小溪，可五六里许，湖光在望，有一亭翼然湖畔"，即"湖山第一处"也。"据亭远眺，但见湖水浩渺，远山苍岸，而湖之中有一长堤，约数里，堤之尽处，为一大平原，宛在水中，如

楚河

海上蓬莱”。“渡湖南行，俯视湖水清浅，游鱼与水草相驰逐，均历历可数。日光下彻，尤著奇观。抵南岸至落伽山，怪石嵯峨，呈铁色”。“此而东，有一城郭曰东湖门，为古武昌城之一角。唐睿宗（李旦）未帝（睿宗曾两度即位）时曾驻兵于此。其东有山如屏，高低起伏，蔚然深秀，有摩山、龙宫诸胜”。

1925年7月为《沙湖志》所作的《沙湖序》为二唱。序中说：“吾与琴父订交三年，与之游沙湖者再”，“湖山风月，吾不妨与琴父平分而有”。“自当退而求数顷之田于沙湖之上，以为躬耕之资。暇则驾一叶之舟，容于中流，入九峰，上灵泉，渡梁湖，历石壁、夹山、寒溪，而还泊于雁桥之下，徜徉山水之间”。

1925年8月，扬铎和任桐等发起成立“沙湖建设会”，撰写《沙湖征求诗文小启》，此为三唱。文中形容沙湖景色“山水秀丽，无与伦比，绝未粉饰，一任天然，殆如村女之乱发粗服，别饶风致也”。希望有识之士“以沙湖为绍，先结文字因缘”。

4. 鲫鱼桥还是积玉桥

据清《江夏县志》记载，积玉桥原名“鲫鱼桥”，建于清光绪十三年（公元1887年），是一座桥面一丈多的石板桥。每年夏季沙湖涨水，附近居民就在桥孔处捕鱼捞虾，捕捞鲫鱼最多，鲫鱼湖北人俗称“喜头鱼”，很吉利，遂称此桥为“鲫鱼桥”，同时泛指附近之地。后来这里成为运送铸造铜元材料的车辆至铜元局的必经之

地，便取“堆金积玉”之意，将鲫鱼桥谐音雅化为“积玉桥”。1931年石桥毁坏，1934年改建为钢筋混凝土桥墩、木头桥面的桥梁，1938年又毁，现仅残留桥基，尚可依稀辨认。如今，积玉桥作为区片名称沿用至今，泛指古武胜门外到沙湖的大片地区。

湖北省图书馆

相传从前有个秀才进京赶考，名落孙山。他觉得无脸见亲人，来到武昌后住在小客店里。日子一长，盘缠用尽，客店老板见他住着不走，天天逼着讨账，还不给他饭吃。

秀才饥饿难忍，心想不如死了好。他一气之下来到客店旁边的小桥上，准备投水自尽，突然看到水里有个东西闪闪发光。他很好奇，下水摸起来，原来是一块圆溜溜、碧绿绿的光滑石头。他喜爱极了，就揣在身上回到客店。

从此以后，秀才不知疲倦，也不知饥饿，没日没夜地读书写字。

客店老板对秀才说：“你没钱还房钱，却在外头吃得白白胖胖，今天不把房钱还上，我就拉你去见官。”

客店里住着一个珠宝商人，见他们为房钱争吵不休，同情秀才，就说“莫吵、莫吵，我来替他还账”。秀才千恩万谢，商人却叫来酒菜和他同桌共饮。商人说：“我看先生气色、精神很好，不像饥寒交迫之人啊！”秀才说：“我的确身无分文，半个月粒米没沾牙了。”

商人根本不相信，看着秀才直摇头，连说“不可能、不可能”。

秀才拱手作揖说：“我绝不会对恩人说假话。”

商人说：“那你一定有什么宝贝护体。”

秀才回答：“我一个穷秀才，哪里来宝贝哦。如果有宝贝，我还愿意欠房钱吗？”

秀才从口袋里掏出那块石头：“除了这个石头，我身上什么也没有。”商人接过石头一看：“这就是宝贝！”

经商人一提醒，秀才想起自从捡到这块石头带在身上，自己就不吃不睡也不晓得饿，又没有瞌睡，还精神格外好。

商人摸着石头看了又看，到底识透了它。他告诉秀才：“这块宝石曾经佩戴在周瑜身上，周瑜在战事频繁的情况下，可以连续多天不吃不喝不睡。诸葛亮三气周瑜使他得了重病，他自知不能久活人间，又不愿意让这宝贝落入他人之手，就把它丢进长江。想必相公是在水中得到它的？”

汉街

“正是、正是。”秀才看见商人非常喜爱那块宝石的样子，就把宝石卖给了商人，也算是答谢商人在自己危难之时出手相救。

然后，又拿出一笔银两将那座让他发现宝石的小桥建成一座大桥，并且亲笔题写“积玉桥”三个字。

南湖

南湖，因位于武汉市武昌之南而得名。据清同治《江夏县志》记载，“南湖在县东南十五里，周二十里，旧名赤栏湖，与江通，长堤为限，长街贯其中，四旁居民蚁附”。

又据1991年版《武汉市志·农业志》记载，南湖1936年面积为2.11万亩，1957年面积为1.73万亩，1982年实测面积0.96万亩，常年平均水深3.3米。根据《湖北省水功能区划》、武汉市人民政府《武汉市水功能区划》，南湖功能规划为景观娱乐、生态调节和调蓄。

南湖桥

清末，湖区成为新军的重要营地。南湖炮队的及时参战，对辛亥武昌起义的成功起了重要作用。

自1901年张之洞在此创办农务学堂后，南湖地区成为文化重地。截至2013年，华中农业大学、中南财经政法大学、中南民族大学、华中师范大学、武汉理工大学、武汉纺织大学、湖北工业大学、武昌首义学院等名校环聚南湖四周，数十万莘莘学子从此地走出，成为国家和民族栋梁。

南湖东岸有关山工业区（关山科技工业园）。湖西岸原有南湖机场，1995年迁至天河后，原址建成南湖花园等住宅小区。

南湖历史文化底蕴深厚，风景优美，历代文人墨客留下大量赞美的诗句。

1. 鲇鱼入海终成龙

巡司河位于武昌西南，巡司河古称“里河”，因明代在此河北岸置鲇鱼口巡检司，故得名“巡司河”。它由发源于江夏八分山北麓的数条溪流汇成，经武泰闸在鲇鱼套汇入长江，并与南湖、黄家湖、汤逊湖相连。

巡司河的源头之一——南湖，远古时代，湖域甚为宽旷，珍禽异草，犹如仙境。不知什么时候起，宽阔幽深的湖水里有一条大鲇鱼，也不知生活了多久，终于将要修炼成精。按说，以时日推算，早该修成正果，成龙飞天了，但是，它却感到修有变数。一日，它静修身心，祈神指点。凝神良久，渐入盹化，冥冥之中，看见一位仙风道骨的老者飘然而至，老者点化它称：一方面是玉皇钦定只有鲤鱼修炼成精才有变成龙的造化，鲇鱼不属宗门，门第不够

南湖一角

"正宗"；另一方面在湖里修炼的境界太差、出身低下，所以难以修成正果。老者又教之，要想修炼成龙，只有"龙游大海"，修炼才有指望。说完，老者隐身而去……鲇鱼王恍然神醒，追味思索，知是神在引导。于是，它思谋了一条遁入大海的路线和道法，每日依旧潜心苦修，只待时机……

不知过了多少时日，一个风雨交加电闪雷鸣的晚上，鲇鱼冥冥之中感到时机到了，它修神待动，随时准备实现自己遁入大海的夙愿。"轰隆隆……咔嚓嚓……"，随着一阵前所未有的撼天动地的炸雷，鲇鱼浑身一震，直觉耳畔似有一老者的声音在喊："去也！去也！……"同时，顿感身下水土中似有巨力暗涌，它知道天机到了！集运功力腾身而起，叱咤风云、挟水携泥，排山倒海般由南湖直往长江而去，入长江顺江而下，直奔东海，去完成它修炼成龙的宏图大业……

在它从南湖去往长江的地段，竟冲出一条河道，这就是后来的巡司河。巡司河流入长江的河口，称"鲇鱼套"。据传说，那天正好有渔人在入口处的江里下有鱼套，准备套大鱼，即鲟鱼。结果此套也没能奈何这条鲇鱼，入江口许是因此而得名"鲇鱼套"。还有人说那一日，江边一渔翁见到鲇鱼王入江的景象，所见鲇鱼王的两根鱼须像竹竿一样，鲇鱼王之大，可见一斑。

2. 滚钩捕王鱼

据传，远古时，只有“王鱼”才是除鲤鱼之外唯一可以修炼成龙的鱼，这种“王鱼”即是长江里头上修出“王”字纹的鲟鱼，所以古人亦浑称鲟鱼为“王鱼”。但将要修成正果的“王鱼”也还是“正宗偏门”，成龙的前提也是要“出江入海”，最终要到东海里去“修得正果”。古代，长江里的鲟鱼可以捕，但已修炼成精、要入海成龙的“王鱼”却是捕不得的。有位人称“滚钩王”的渔人，使用的祖传捕鱼工具称为“滚钩”。这种捕鱼工具十分了得，长江里无论什么样的大鱼，只要被它缠上，钩网交错，越是挣扎，会越缠越紧、越滚越紧，休想脱身。

话说有条修成的王鱼将赴东海，这条王鱼闻知“滚钩王”的名声，怕自己路上遭遇不测，半夜特托梦给滚钩王，称某日某时自己将要路过他捕鱼的地段，要他那天不要作业，待自己入海成龙，保他一辈子渔业丰盛，终生富足。否则，他和他的家族后果不堪设想……“滚钩王”醒来，回味良久，半信半疑，不知不觉间又浑然睡去……梦里，王鱼又来如此这般相告，并称，若是疑虑，天明到江边，可见一怪事发生，同时嘱咐不要对任何人讲。“滚钩王”猛地醒来，思来想去，好生奇怪，望窗外，天已微明，决定去江边看个究竟。他走到江边，江涛依旧，并没有什么特别。正当他狐疑之时，如常的江涛突然往江滩涌了上来，但马上迅即退去，然而，在脚下江水退去的沙滩上，赫然呈现一斗大的“王”字。“滚钩王”知道，梦中所托定得信之。到了那一日的头一天，他嘱咐所有的家人停止作业几日，说是歇工休整，关门锁院带家人走亲访友去了。到了王鱼入海的那一天，长江里的鱼类倾江而动，拥王鱼赴海，似发鱼汛，打渔人闻风而动捕捞，大获丰收，但这对王鱼倒是没有什么威胁，除滚钩王，谁也奈何不了它。却偏偏“滚钩王”有一个不务正业的二流子邻居，见发“鱼汛”也想捕捞，又见滚钩王不在，心想，何不将他的滚钩盗出，捕些大鱼发财。于是，二流子纠集几个狐朋狗友盗出滚钩王的滚钩，下入江中，不巧滚住了王鱼。悲剧可想而知，这样断送了王鱼千年修行。然而，王鱼之魂降灾二流子，二流子也因此家破人亡。

滚钩王虽自己没有坏王鱼的好事，但内心愧疚，毁掉自己所有的滚钩渔具，从此不再从事渔业，并常常祭奠王鱼，王鱼念其诚意，也未降灾于他。

3. 楚王仓库“广埠”屯

广埠屯的得名，与明朝楚王府有关，距今已有 600 多年历史。相传明太祖朱元璋笃信骨肉之亲、血缘关系，不信任掌兵权的异姓将领。打算把自己的二十多个儿子都培养成军事人才，分封到边塞重镇，称为“塞王”。各地重要都会也都由亲王出镇。通过分封皇子，建藩各地，来拱卫王室。洪武三年（公元1370年），朱元璋的第六子朱桢受封为楚王，是为楚昭王。洪武十四年（公元1381年），楚王朱桢就藩武昌府，成为湖北境内受封的第一位明代亲王。

明朝初年，军事上实行卫所制。大体以10人为小旗，5小旗为1总旗，2总旗为一百户所，长官为百户；十百户所为一千户所，长官为千户；五千户所为一卫，长官为指挥使。一卫大抵有5600人。“自京师达于郡县，皆立卫所”，度天下要害处设戍，一郡设所，连郡设卫。省级最高军事机构为都指挥使司。

藩王在军事上的权力相当显赫。诸王成年后出藩到封地，还付给一支专门保卫诸王安全的亲军，称为“护卫军”。王府都设置亲王护卫指挥使司，配备三护卫的军队，每卫置左、右、前、后、中五千户所，每所千户2人，百户10人；另有围子手两所，每所千户1人。楚是东南大藩，拥有“护卫精卒万六千余人，牧马数千匹”，号称“兵强国富”。分封武昌的楚王主要负责拱卫京师（明初都南京）上游。

位于广埠屯的华中师范大学

武汉属江汉平原边缘。江汉平原湖泊众多，河流纵横，土地肥沃，宋元时期，开发不足。但中原地区连年战乱，已有不少流民、移民南迁于此。元末明初，长江中下游地区战乱频仍，许多流民、移民，尤其是大量的江西移民工，纷纷落居江汉平原。所谓“江西填湖广”、“湖广填四川”。中国人口史上两次大规模的人口流动，始于元末明初，都以两湖为枢纽，与湖北密切相关。江汉平原迎来了有史以来第一次大规模的开垦，围垸、屯田此起彼伏。“湖广熟，天下足”。江汉平原在长江流域乃至在全国粮食生产的地位迅速上升。

明朝的屯田有军屯、民屯和商屯。早在元至正十八年(公元1358年）朱元璋开始发迹时，从安徽凤阳南下渡江取得南京，面临军粮不足的严重困难。精明的朱元璋借鉴了历史上汉武帝和曹操先后兴军队屯田，以足军食的经验，采取谋士朱升提出的“广积粮，高筑墙，缓称王”的建议，下令诸将率领军队就地屯田，特任命湖北蕲州人康茂才为都水营田使。屯田数年，成绩显著，兵食充足，不向民间“捡括”，朱元璋因而大得民心。

公元1368年，明王朝规定从驻京师到地方的卫所军，都要屯田耕种，计军授田，以田地养军，设立屯堡。根据边疆和内地战守要求的不同情况，规定边疆守军三分战守，七分屯田；内地二分战守，八分屯田。有的士兵半屯种半战守，有的兵员完全用于屯种。诸王护卫军也不例外，虽重在卫王，但也要屯田种地，令其五分屯田，五分护卫。

据明代申时行所纂《明会典》记载，明太祖、明成祖时，军屯最兴盛。明成祖永乐年间，拟定了军屯赏罚细则。全国各卫所共有军屯田893000多顷，相当于全国耕地总数的十分之一强。军屯的收入称为屯田籽粒，是明朝财政中一笔相当可观的收入。

众亲王中，楚王依据江汉平原、蜀王倚靠川西沃野，成为军屯大户、明朝的粮仓。楚王早在永乐元年（公元1403年）即卜奉，“欲令左护卫军屯种，以赡岁月”，楚王带头积极组织屯田。屯田既是镇守和屯耕的结合，自然要选最重要的防守要地。广埠屯乃入武昌东门的交通要道，对卫成楚王至关重要；且此地广袤肥沃，适宜耕种，于是被楚王选为其护卫军的军屯之地。据《明太祖实录》，明太祖曾赐给秦、晋、燕、周、楚、齐诸王府仓库名称，皆用广字开头，即取“广积粮”之意，其中楚王仓库名叫“广埠”，这就是“广埠屯”名称的由来，它始名于明代初年洪武、永乐年间，因楚王朱桢的护卫军在此屯田，屯田籽粒上缴楚府广埠仓而得名。

4. 辛亥年南湖事件

1911年，武汉反帝反封建革命浪潮日趋高涨，在中国同盟会中部总会的领导下，湖北共进会与文学社联合组成起义总指挥部。这一年恰逢新军退伍之期，单第八镇即有三分之一退伍兵滞留。炮队八标三营士兵汪锡九、梅青福等人退伍离营，同营的革命党人孟发臣、赵楚屏等数人置酒饯行。席间离情依依、慷慨悲歌之际，值班排长刘步云怒气冲冲地前来阻止，当即引起冲突。营长杨齐凤得知后，不问青红皂白，下令将孟、赵等人打几十军棍，愤怒的革命士兵率众夺炮，又前往库房夺取炸弹。统制张彪闻报，忙令马标管带喻化龙率骑兵弹压。士兵夺得大炮，但没撞针，库房锁未砸开，取炸弹不成，无法战斗，只好弃炮出走。他们进到城内革命机关，向孙武、邓玉麟等报告了事件经过，并要求即刻下令起义。孙武面对这突如其来的事变，一时拿不定主意。在座诸人也感到“欲举兵，恐失败；欲勿举，将为清吏所擒”。刘复基闻讯后，冷静地分析了形势，强调要慎重行事，如果“百无一备”，势必“功亦难成”。经商议，决定尽量不扩大事态，让为首的两名士兵出逃，其他人归营“听点”，以麻痹敌人。张彪不敢大肆追究，仅以“酗酒闹事”为由，将已逃两人除名了事。这就是辛亥首义前夕闻名的“南湖事件”。

5. 南湖炮队武昌起义

1911 年 10 月 8 日，湖北新军工程营革命党人熊秉坤，接到指挥部指示，约定于 10 月 9 日晚，以南湖炮队炮声为号举行起义。由于军政当局破坏起义指挥部，彭（楚藩）、刘（复基）、杨（洪胜）3 人被害，武昌城戒备森严，南湖炮队未能接到起义的命令，终未能打响辛亥首义第一炮。10 月 10 日晚，工程营熊秉坤以鸣枪为号，一举起义，起义部队随即抢占楚望台新军的军械仓库。首义后，熊秉坤以革命代表身份召集工程营官兵宣布起义军为

“湖北革命军”，以清湖广总督署为最大攻击目标，由金兆龙率兵迅速向南湖进发到南湖阅兵亭。南湖炮队革命党人和士兵群情高昂，在革命党人李作栋、邓玉麟等发动下，300 余士兵簇拥 12 门大炮向中和门挺进。城内城外各营革命党人和士兵斗志大振，积极投入战斗，并分别在楚望台、蛇山、凤凰山修筑炮兵阵地，清湖广督署受到南湖炮队的猛烈炮击，轰毁督署府的房屋多间。湖广总督瑞澂率卫兵，携家小细软，慌忙打穿督署后垣，由文昌门逃上“楚豫”号兵舰，仓皇逃遁。辛亥武昌首义，革命形势很快席卷全国，一举推翻了腐朽的清王朝。

6. 1912 年南湖马队倒黎事件

1912 年秋，以驻扎南湖马队教官刘国佐为司令、队官陈启胜为参谋长的起义者，动员武昌城内外的一部分军队，联络黄陂等地驻军，成立振武团，准备在辛亥革命武昌起义一周年纪念时起事，推倒黎元洪和军务司，夺取政权。事泄后，黎捕获起义人士多人，缴获徽章数百枚，破坏扎珠街十三号机关，当场将顾斌等多人斩决。25 日，又在阅马场杀害吴德胜等多人。24 日夜半，南湖士兵得知城内事迹败露，

南湖

决定提前起事。已做好准备的黎元洪派黎本唐、蔡汉卿两师长率领军队守城。马队起义者看到城上没有灯光，以为没有防备，企图夺门而入，立即遭到城中守军的射击。黎、蔡又派兵出城围抄起义者的侧翼，鏖战3小时，起义者200人阵亡，有11人被俘后押解到阅马场杀害。马队暴动，参加者仅一部分，“其未暴乱之部分安居营署者，反被炮队误会，指为乱兵，四围合攻，当场死200余人，适蔡汉卿兵至，亦误会围攻炮队，又毙炮队数十人”。此乃“南湖马队倒黎事件”。

7. 1916年南湖马队暴动

1915年12月袁世凯正式称帝后，蔡济民受孙中山委派从东京潜回武汉任讨袁军司令。蔡联络旧部，派人到武昌南湖等地策动驻军反袁。驻扎在武昌城郊南湖的第一师（师长石星川）和马炮营等部成为反袁主力。1916年2月17日（农历正月初五）夜10时许，江迪生在南湖按时率鄂军第一师炮兵队发难，营官仓皇逃遁。暴动士兵冲出营门后，发兵两路，一路径扑省城，期待与城中步兵呼应；一路直奔附近炮营，汇合该营革命士兵夺炮攻城。炮营士兵闻炮声知马炮营已发难，便立即行动，夺炮出营。营官遁匿。时驻扎巡司河南岸的北洋军第八师的一个团闻马队营有变，迅速渡河弹压，路过炮营时，将炮营包围。暴动马队赶至，亦不敌败阵，夺路奔赴省城，驰至十字街又被王占元派出城的第二师所拦击。起义军与王部战斗到次日凌晨2时，损兵100余人。原约起义的各步兵误期未动，起义士兵横遭捕杀。南湖马队暴动失败。

紫阳湖

紫阳湖位于武汉市武昌区蛇山之南，东邻首义路，南至津水闸、石灰堰，西接紫阳村，北抵紫阳路。紫阳湖古称“滋阳湖”，清同治《江夏县志》记载：“滋阳湖在高观山阳，一曰南湖，湖内有墩，随水消长；又曰墩子湖，夏以荷胜，可资游赏……”清初督学高世泰为纪念明代榜眼贺逢圣，曾改紫阳湖为“亚相湖”。

紫阳湖“夏以荷胜，可资游赏”，为历代达官贵人所向往，文人墨客多会于此。宋代大诗人陆游、黄庭坚均曾泛舟湖上，望着眼前“卷荷舒欲倚，芙蓉生即红”的美景，分别留下了“十里亭阁菱荷香”、“凭栏十里芰荷香”的佳句。宋代祝穆在《方舆纪胜》中称紫阳湖“外与江通，长堤为限，长街贯其中，四旁居

紫阳湖

民蚁附”；陆游《入蜀记》记述紫阳湖“荷叶弥望，……其上皆列肆，两旁有水阁极佳”。至明、清两代，紫阳湖更是声名远播，趋之者众。明代兵部尚书熊廷弼曾在湖旁建熊园，“横六七里，宛一幽僻乡落，浚小溪九曲，每曲一亭，沿溪奇卉杂檀”。清代湖广总督张之洞则于湖心设茶座、酒亭，有曲桥相通，张常在此宴请宾客、题词吟赋，饱览湖光秀色。现存紫阳桥为明万历年间修建，是当时通往楚王宫（清康熙年间改建为万寿行宫）的要道，有“文官在此下轿、武官在此下马”之说。西北角有霸王井，相传饮此井水者，力大无穷，如今井水干涸。明末张献忠率农民起义军攻占武昌，礼部尚书贺逢圣及全家在紫阳湖投湖自尽。

1911年10月10日，辛亥革命武昌起义在位于紫阳湖畔的湖北新军工程第八营（现湖北省总工会机关所在地）打响了第一枪，从而点燃了遍布全国的革命火种，结束了中国历史上两千多年的封建专制统治，以不可磨灭的革命功绩载入史册。紫阳湖西北角，建有胜利亭一座，亭内立“民国起义国庆纪念碑”。湖东南是楚望台军械库和中和门（起义门），被史家誉为“首义胜利的开端”。紫阳湖西，过保安门正街、王府口，即湖广总督署遗址（今武昌造船

孙中山和宋庆龄

厂旧址)。紫阳湖北边是1910年建成的湖北省咨议局，首义成功的第二天上午，革命党人来到这里成立了鄂军都督府，正式宣告废除满清年号，建立中华民国。

1952年，武汉市人民政府首任市长吴德峰发动市民每人捐款1000元（旧币)，修建以紫阳湖为主体的紫阳公园，并亲书“紫阳公园”匾额。1984年10月1日，30年未对外开放的紫阳公园正式对外开放，成为收费公园。2005年5月1日，紫阳公园免费向市民开放。2010年，紫阳公园被纳入“武昌首义文化旅游区”。2012年10月，“武昌首义文化旅游区”成为AAAA级旅游景区。

1. 项羽和霸王井

西楚霸王项羽（公元前232—公元前202年)，下相（今江苏宿迁）人。相传，秦朝末年，项羽起兵反秦，率领江东子弟8000人，转战到武昌紫阳湖畔时，正遇三伏酷暑，将士们干渴难忍，迈步不动。项羽见此处有一口水井，便下令在此歇息取水解渴，将士们喝了这眼井里的泉水顿觉精神百倍，人人变成了“体力强壮”的大力士，打起仗来屡战屡胜，于是民间便有了“饮了此井水

霸王井

会力大无穷”之说，后人即称此井为“霸王井”，并把这眼古井砌筑成圆形石凿井台保护起来。

此井旧址在紫阳湖公园大门外侧，1936 年，因扩建张之洞路，将井填塞，仅存圆形石凿井口栏，移置于公园大门内西侧陈列。1983 年修建了霸王井亭，亭为四角，有八根方型钢筋水泥柱，亭内嵌石刻“霸王井”三个行书大字，为著名书法家黄亮（1903—1987 年）于 1983 年所书。

2. 中秋节紫阳湖玩荷花灯

相传，元朝末年，参加了白莲教的母子二人，为躲避家乡官府的追捕，携带许多乌梅乔装打扮成买卖人，来到省城武昌，住在紫阳湖附近。刚巧此地瘟疫流行，乌梅对治疗瘟疫有奇效，母子二人低价用乌梅为民治病，而且对穷人免费施舍，很得人心。

这一年八月十五，母子被官府搜捕逃进紫阳湖，官兵将湖四周包围，母子俩不得脱身，最后淹毙湖中。官兵撤走后，附近百姓意图将母子俩的尸体从湖中捞出安葬，白天不敢下湖，怕被官府发觉，只好晚上打着灯笼划着小船到湖中寻找。紫阳湖荷花谢了，荷叶茁壮，有人拿四根线将荷叶边缘缀上提起，中间插一根蜡烛，做成“荷花灯”，放进湖里随波飘荡，一是寻找尸骨，二是为母子俩照路得归黄泉。当晚，紫阳湖满湖灯火闪烁，星星点点连成一片，场景非常壮观。此为武昌城中秋节玩荷花灯的起源。

从此之后，每年中秋之夜，武昌城孩子提着荷叶插蜡烛的荷花灯周游大街小巷直到深夜。此习俗一直延续到1938年日军侵占武汉之时。

3. 熊廷弼寄居紫阳湖

熊廷弼，字飞佰，湖广江夏(今武昌）人，明万历二十六年(公元1598年）进士。万历四十七年（公元1619年）任辽东经略，在职多年，积极加强防务，后金（清）不敢进犯。明熹宗即位，魏忠贤专权，他被去职，归隐江夏。曾购买中和门（今起义门）内紫阳湖东南土地修筑私家园林，名“熊园”。清同治《江夏县志》记载：“园横阔六七里，宛一幽僻乡落，内有小溪九曲，每曲一亭，沿溪奇花杂植。”其东借助梅亭山楚王台上的“御制碑”等古迹，西借紫阳湖美景……熊园作为熊廷弼的私家花园，为武昌城私宅园林之始。天启元年（公元1621年)，辽阳、沈阳失守，“再起廷弼于田间”，这个田间，大约就是“熊园”。熊廷弼二度出山之后，由于辽东巡抚王化贞不听指挥，辽东战局急转直下，一败涂地。昏庸的明王朝在权宦魏忠贤的把持下，不辨是非，反将熊廷弼斩首，妻子儿女均被牵连。其遗骨

熊廷弼塑像

紫阳公园

归葬今江夏区官塘岭。坐落在紫阳湖畔的熊园也于清初被废。1936年，民国政府曾将今阅马场至大东门的一段道路命名为“熊廷弼路”。

4.“观莲节”为荷花做生日

紫阳湖以盛产莲花著称。每年到农历五六月份，紫阳湖展现出“接天莲叶无穷碧，映日荷花别样红”的夏景。荷花出污泥而不染，自古为品格高洁的象征，民间流传有给荷花做生日的故事。

相传农历六月二十四日是荷花的生日，明清时期，每年这一天武昌全城居民喜度“观莲节”，涌到紫阳湖畔观莲，“为荷花做生日”。武昌城内外文人墨客，尤其是知名的诗人和画家，当天齐集湖畔，以荷花为题吟诗作画。清代诗人王汝玉《小集长湖为荷花做生日》的诗中写道：“树绕亭台水绕廊，迎轩恰借午风凉，有番韵事君知否？今日荷花分外香！”雅俗大众也会在紫阳湖边一边观莲一边吃荷叶饭品荷花茶，热闹欢乐一番再去紫阳桥买些荷花莲蓬带回家去。此风俗一直延续到民国初年。后因湖内泥沙淤塞，湖水逐日污染，只剩断梗残荷，荒草枯树，观莲人日渐稀少。今日的紫阳湖湖水澄清，紫荷盛放，观莲人重新聚集，但观莲节的传统却未能接续。

5. 孙中山紫阳湖巧对张之洞

张之洞

公元 1894 年的一天，湖广总督张之洞正在武昌紫阳湖湖心亭待客，孙中山（孙文）从海外回国路过武汉，赶到紫阳湖，准备拜会这位闻名中外的洋务运动领军人物张之洞，却被门卫拦住，便写了一张纸条请门卫递进。门卫不肯，两下发生争执，惊动会客厅。张之洞问：“怎么回事？”

门卫说：“一个儒生请求拜见大人，怎么说都不走！”

随手呈上纸条，上书一行字：“孙文求见张之洞兄。”

这一年，张之洞年过 57 岁，朝廷重臣，位高权重；孙中山则是一个 28 岁的读书人。

张之洞很恼火，认为来人很没礼貌，于是写一张纸条让人传给外面守候的孙文。

“持三字帖，见一品官，儒生妄敢称兄弟！”

孙中山看过后立即又写一张纸条，再次托门卫传进去。

“行千里路，破万卷书，布衣亦可傲王侯！”

张之洞看后非常高兴，心想此人才思敏捷气魄非凡，一定是一位与众不同的奇人。

“请！快请进来！”

就这样，孙中山和张之洞在紫阳湖湖心亭里见了面。

严西湖

严西湖，位于武汉市洪山区东部（现由东湖新技术开发区托管），北临青山区，西邻武昌东湖，北近长江，临青山北湖，为沉溺型岗间洼地经积水而成的滞积湖。因清康熙年间，白玉山下大片湖泊均归严姓所有而得名。

严西湖属北湖水系，为大东湖生态水网的重要组成部分。原与长江直接连通，1955 年建成武惠闸、1965 年建成北湖闸后，成为受人为控制的水库型湖泊。非汛期湖水分别从武惠闸和北湖闸排入长江，汛期则由北湖泵站抽水排入长江。

严西湖属于生态控制区范围湖泊，功能定位为景观娱乐、生态以及调蓄。严西湖岸张公山、朱山、鼓架山景色秀美，吴主寺、十美寺历史悠久，楚庄王、孙权、朱元璋、刘伯温、张之洞等历史人物的故事在当地流传。加之湖水清澈，岸线曲折，湖光山色宜人，水岛星罗棋布，风景秀美。湖面散生芦苇、香蒲、荷花，沿湖有大面积的茶场、桃园、橘园。春秋时节，武汉市民泛舟湖上，观桃

橘子洲

花、采莲蓬、摘菱角，严西湖成为旅游胜地。

张公山寨原名“寨鼓山”，是严西湖上的一个半岛，景点景区有张公山寨、橘子洲、桃花岛、吴主寺、开心农场、森林别墅、拓展演习、真人 CS 战场等。省市佛教协会会长、归元寺方丈吕明书写寨名，山庄式建筑群，依山而建，古香古色，是集湿地生态景观、农业休闲、旅游度假为一体的湿地生态园。

20 世纪 90 年代中期后，工业废水、医院废弃物、居民的生活垃圾等，造成严西湖水质急剧下降，甚至发生死鱼“翻塘”的事故。洪山区召集多方治理污水：例如成立专班沿湖排查，阻断排污口；先后关闭严西湖周边20 余家“五小”企业和 8 家水洗磁选铁矿企业，清除污染源；沿湖补绿植树，划保护区域等。

严西湖大桥

严西湖大桥西起鼓架山，东至梅城路，全长约 2 千米，2013 年4 月建成通车，是花城大道西段重要节点。大桥的通车，使花城大道与三环线实现无缝对接，在武汉东部形成以花城大道和花山大道构筑的“十”字形交通网络。

新中国成立后，开办有严西湖渔场。

1. 张果老与张公山

张公山三面环水，三山相连，环境幽静。相传东汉初年，巴山蜀水廪君的后人曾两度东涉定居于此地；明末李闯王大将李士贤曾在此占山为寨，先反明，后反清；清代末年，当地人李尧庭是湖广总督张之洞的副官，曾向张请兵回乡剿匪驱寇，保乡邻父老平安，百姓为感激张之洞之恩，遂将此山更名为“张公山”。

关于张公山的由来还有另外一个传说。相传远古时期，八仙赴王母娘娘蟠桃宴会，个个酒足饭饱，醉得东倒西歪。在返回各自洞府的路上，波涛汹涌的东海水挡住了去路，他们趁着酒性，来了个“八仙过海各显神通”，每人拿出一件宝贝，坐在上面过海。八件宝贝发出耀目的光芒。这时被龙宫三太子发现了，趁八仙不防，抢走了何仙姑的荷花。八仙一气之下大闹龙宫，东海老龙王敖广请来他的三个兄弟，于是四海龙王战八仙，把八仙打得四处逃

张公山寨张之洞塑像

走。唯有张果老年纪大脾气倔，忍不下这口气，从很远很远的地方背了一口袋山土，骑着心爱的小毛驴，前往东海要用这一口袋山土去填平东海，报复龙王。没想到半路碰上齐天大圣孙悟空，孙悟空忘不了当年东海老龙王赠送定海神针金箍棒的情义，偷偷地把金箍棒变成一根绣花针，划破了装山土的口袋，于是漏出许多土，在地面上形成一溜大别山。当张果老到了风景宜人的严西湖边时，才发现一袋子山土都漏光了，还剩口袋底余下的一点土，不够填海了，于是便放在严西湖边，也就成了一座山，这就是如今严西湖北面的一座山。这座山是张果老背来的，后来，人们就叫它“张公山”。

2. 比翼双飞凤凰鸟

很久很久以前，严西湖湖畔的一个小村庄里，住着一个老实巴交的单身汉，名叫“暮”。暮以捕鱼为生，虽然寂寞穷困，但他毫不在意，依然快乐地生活着。

一天清晨，暮如往常般准备好渔网，朝自己的小破船走去。就在此时，暮听到一阵哭泣声，声音似有若无，轻柔无力，他好奇地循声而往。

离湖越近哭声越清晰，暮发现湖边飘着一个小筏子，声音便是此处传来，他好奇的朝筏内看去，大吃一惊，原来筏中躺着一个粉嫩可爱的小婴孩，暮赶忙抱起婴儿，发现是个男孩子，男婴的胳膊上还有个月牙般的胎记。当暮抱起婴孩时，这可爱的孩子便不再哭闹，只是用那双大眼睛望着暮。暮没有多想，抱着孩子转身便走，他在看见孩子的瞬间就已经决定收养这孩子了，暮给孩子取名叫“封”。

十年过去了，封未长大，而暮却老了，日子也越发难熬。暮要靠着封的帮助才能勉强驾船出外打渔，而封也还未到能独立驾船捕鱼的年纪。父子俩并未被贫困压弯了腰，依然欢欢喜喜地生活着。

一天夜里，封实在是饿得受不了，于是起床跑到后山上去打野味。封正是长身体的年纪，所以半夜起床打野味也并非头一次。暮也知道封经常半夜起床，但他并未去管封，因为只要封高兴，随便他怎样都可以。可今天却与以往不大一样，整山的小动物都好像知道封来打猎一般，跑得无影无踪。封实在是不甘心，于是朝山顶爬去。刚爬到山顶，封就看见山顶那唯一的树上歇着一只漂亮的大鸟，大鸟一身火红的羽毛，双瞳如夜色般漆黑。封见到大鸟的第一眼便喜欢上了它，封慢慢地走到大鸟栖身的树下，找了个舒适的地方坐下。大鸟并未惊慌，只是静静的落在封的身边望着封，封觉得自己的心从未如此平静过，没过多久便睡着了。

严西湖

第二天一大早，封提着四五只野鸡野兔下了山，高高兴兴地与自己的老父暮一起做起饭来。暮并未问起封晚上的事，只要封高兴他便满足了。从此以后，每到夜晚封都会上山，然后早晨带着大量的野味回来，父子俩依旧快快乐乐地生活着。封渐渐长大了，某天清晨，封牵着一个美貌年轻的女子来到暮的身前，封叫她仪女。暮并未问封此女子从何而来，因为他知道，封品性纯良，他爱上的女子也一定如封般纯真善良。于是两人在暮的面前结为夫妻。

5 年过去了，三人还是如往常般幸福快乐地生活着。封靠着打渔、打野味来换取生活必需品。而仪女则如暮所预料般勤劳善良，洗衣做饭毫不含糊，把暮也照顾得妥妥当当，日子过得其乐融融。

公元前 605 年，斗越椒造反，楚庄王与斗越椒对峙严西湖畔。三人的幸福生活也顷刻间化为乌有。这天晚上，两个陌生的面孔来到三人的面前，他们自称是生意人，要找附近唯一的渔家载他们到严西湖对岸去。此时两岸正在作战，双方早已封湖，根本无法到达对岸，所以封毫不犹豫地拒绝了两人的要求。其中一个陌生人看了一眼美丽的仪女，便把封拉到一旁，偷偷塞给他一支漂亮的头钗，封明白了对方的意思，他想象仪女戴上头钗后高兴的模样，便毫不犹豫地答应了对方的要求。

仪女则坚决不同意封冒险去对岸。封并未告诉仪女头钗的事，他想给仪女一个惊喜，于是便央求老父来说服仪女，暮还是如往常那样相信封的决定。仪女看父亲都已经答应了，便不再拒绝，只是痴痴地站在湖边，等着封的归来。

封平安地把两人送到对岸。就在他准备离开的那一刻，突然冒出七八个楚庄王的士兵来，几剑便把那两个自称商人的家伙给砍成了肉酱，原来这两人是斗越椒的探子。封知道对方不可能放过自己，于是拼了命地往回划。此时，一支利箭从封的背后穿过，封不甘地倒在了湖中，临死前手中还紧紧握着那支发钗。

就在封中箭的瞬间，仪女突然跪在湖边仰天长啸，声如鸟啼，双眼流着血泪。等暮听到声音赶到湖边时已不见仪女的踪影，只剩仪女的衣服散落在湖边。暮顿时泪如雨下，后悔自己为何不拦住封。于是暮便坐在河边一直哭，一直哭，他把所有的错误都怪罪在自己头上，直到眼泪干涸，双眼哭瞎，暮才在村民的劝慰下回到了小屋。

在村民离开时，空中飞来两只凤凰，凤凰围着小屋不停叫唤，暮摸索着从小屋走了出来，两只凤凰便停在暮的身旁。其中一只凤凰的嘴对着暮好似在说些什么。暮突然放声大笑，抱着两只凤凰不肯放手，而这两只凤凰好似通人性般，并没有挣扎，任由暮就这样抱着。从此以后，附近的村民便常常看见两只凤凰叼一些水果野味放在暮的小屋前，然后和暮亲热一番便飞走。直到暮老死的那天，两只凤凰在暮的小屋上空不停悲鸣，最后化作一道流光消失得无影无踪。

从此再也没有人见过这两只凤凰，多少年后，村里的老人依稀记得，两只凤凰其中一只头上的羽毛插着漂亮的发钗，另一只的翅膀上则有一大片月牙形状的羽毛。后来此地便改名为“凤凰嘴”了。

3. 凤凰嘴与鼓架山

严西湖武东医院前的凤凰嘴与对岸郭毛嘴的鼓架山隔湖相望，传说这里曾发生过一场激烈的战事。

相传楚庄王时期，令尹斗越椒叛乱，起兵攻打王师。这一天，斗越椒派两名暗探化装成生意人准备过湖刺探楚王军情，来到武东凤凰嘴边王家土库严西湖畔已是掌灯时分，找到湖坡上独户人家，要求户主一位年轻男子送他们过湖，男子的妻子出面阻挠说，天色已晚，对岸驻扎有楚王的军队，现在过湖很危险。两暗探一边将钱币搁在桌上，一边掏出匕首，逼迫男子划一条小船送他们到对岸郭毛嘴鼓架山脚下。两暗探和船夫刚一上岸，即被楚王兵士抓获，被处死后，尸体被草草掩埋在郭毛嘴前。

鼓架山

斗越椒得知暗探被杀，立即发兵向楚庄王进攻，两军大战于清河桥边，即今东湖落雁区的半岛之上，许久不分胜负。鼓架山下，楚庄王亲自上阵击鼓督战，激发王师军威，最后战胜叛军，平定斗越椒叛乱。从此以后，这座山取名“鼓架山”。

船夫的妻子得知丈夫被害的消息之后悲痛欲绝，将暗探给的几枚钱币扔进严西湖然后投湖自尽。当天傍晚，有人看见一只凤凰从女子投湖处飞起，不一会儿，鼓架山脚郭毛嘴又有一只凤凰向这边飞来，一对凤凰久久盘旋在严西湖上不愿离去，从此以后人们就将严西湖湖滨这一块地方称为“凤凰嘴”。

严东湖

严东湖位于武汉市洪山区花山街（现由东湖新技术开发区托管），东北临长江，面积9.17平方千米。据1991年版《武汉市志·农业志》记载，严东湖1936年面积为1.76万亩，1957年面积为1.2万亩，1982年实测面积0.95万亩，常年平均水深1.5米，湖底高程16米，养鱼划定水位线高程为19.4米。清末时即建有吴桥渔场。

根据《湖北省水功能区划》（鄂政函〔2003〕101号文批复）、武汉市人民政府《武汉市水功能区划》（武政办〔2005〕2号），严东湖功能规划为景观娱乐、调蓄、养殖及生态调节。严东湖山峦叠翠，奇花遍野，鸟飞蝉鸣，荷苇竞生，草肥鱼跃，湖光山色，倒影成趣，为武汉市郊一处休憩放松的处所。

湖边的白浒山为著名景区。

1. “三百李”村

花山镇辖区好几个村的村民祖祖辈辈靠严东湖的水和水产为生，有个李姓村庄为了表示对严东湖的感激之情，将村庄的名字取名为“山湖村”，后来果然这个村人丁兴旺，成为当地一大家族，人称“三百李”。山湖村中许多出外谋生死于异乡的村民，灵柩都要运回家乡，葬在正对湖面的一座山上，灵魂与湖水相望。

这个名叫“三百李”的小村庄，村名的来历还有一段美丽的传说。

传说远古时代，东海龙王有一小女儿名叫“水银丽丝”，长得聪明伶俐，貌美如仙。真是比花花不鲜，比玉玉不霞，沉鱼落雁，人见不走，鸟见不飞，光那一双水灵灵的大眼睛就会让龙宫失色，老龙王和龙婆娘都爱如掌上明珠。龙女年方十八，也到了思春想郎的年龄，心中烦闷忧愁满怀了。何人配当水银丽丝的夫婿？龙王身边水簇将领们有谁敢接绣球？门当户对的夫婿哪儿去找？水银丽丝若不是那么美丽，而是个丑八怪，“龙王的女儿不愁嫁”，那还让老龙王省心，可女儿美丽如桃花盛开，老龙王不肯委屈她，真是心急如焚。

一日，龙女在闺房中暗自寻思：若能到人间游玩岂不快活？于是她不顾龙庭严法，躲开父母监视，悄悄出宫，搏浪击水，来到人间。上得岸来，犹如出笼小鸟，东踏西跳，左眺右望，来到了长江中游南岸严东湖边白虎矶山脚下。当她看到人间秀色美丽，田野禾苗青青，湖泊碧波爽爽，小河流水潺潺，农舍炊烟袅袅，道路行人匆匆，充满了勃勃生机，哪里像她那寂寞无聊的龙宫绣房？所以她越玩越有雅兴。

这一日，玩到了“猿猴老穴”边，一见这里奇峰怪石，林木葱郁，山绕白云，鸟鸣飞舞，更是陶醉在这大自然的美色中，少女的心都要融化了。恰在此时，她无意中瞥见了一个砍柴的小伙子。她见这小伙子生得浓眉大眼，挑着一担200来斤柴禾，还唱着山歌行走在山路上，上身打着赤膊，膀宽腰圆，浑身的肌肉凸呼，顿生爱慕之情，说：“请问这位小哥哥，你叫什么名字？家住哪里？”小伙子大大方方地走上前去，非常礼貌地说：“我叫三百里，就住在山下‘井边石窟’边。”水银丽丝见他老实可爱，便问他家中有几口人。三百里又老实地说：“我是个孤儿，每天靠砍柴谋生。”水银丽丝听后心中一喜，却故意哭哭啼啼地说：“小女父母双亡想投靠舅父找不到，天色已晚，无家可归了。”三百里为人老实心肠好，就说：

严东湖

“大姐若不嫌弃，就到我那破草房里暂时过一夜吧！”水银丽丝跟着三百里来到井边石窟边草房家，当天夜里，水银丽丝对三百里说：“俺愿同你结为夫妻，共度岁月。”三百里惶恐极了，急忙说道：“大姐，这可不行！我穷得无立锥之地，只有一把斧子，怎能养活得起像你这么俊俏的媳妇?”水银丽丝却说：“俺只要你一颗心就够了，何况你还有一双手！”就这样，两人作了夫妻，恩恩爱爱，很快生下了一个男孩，日子过得幸福和美。岂知大祸天降，东海龙王终于在“顶峰天泉”上发现了龙女的下落，派遣水族前来捉拿水银丽丝回宫。水族们来到时，小两口正在床上逗着婴儿玩耍。他们七手八脚拖着水银丽丝就走，根本不管婴儿凄厉哭喊声。龙女哭得揪心裂肺：“孩子，我的孩子……”三百里奋起反抗，而他一个凡人哪是水族的对手？不要一个回合就被水族打死。水银丽丝被掳走，只留下刚满月的尚在襁褓中的婴儿。

俗话说，“老天爷饿不死瞎眼的野雀”，他嗷嗷待哺的哭声感动了白虎矶山峰上的飞禽走兽，每天定时有一只花斑母虎来给他喂奶；空中有一只老雕展开双翼，为他挡风遮雨。一个双亲皆无的小婴儿居然长得白白胖胖的，十分可爱。很快，婴儿渐渐长大了，天资聪

严东湖一角

颖，七岁能吟诗作文，十岁便能倒背《论语》，如行云流水，只字不差。十八岁进京赶考，中了头名状元。这一下许多人都出来证明自己的先见之明：“我早就说过嘛！这孩子福气大，有出息。是‘龙生虎奶雕搭棚’的奇人，你想想，世上的飞禽走兽中，还有比龙、虎、雕再高贵、再凶猛的吗？这孩子一生都造化大啊！”你也说我早有所料，他也夸自己早有慧眼，一传十，十传百，传出了楚天府，又传到了京城。皇帝听说他是“龙生虎奶雕搭棚”非凡之人，自然也十分器重。他当真有了造化，官越做越大。没想到，干了几年，他竟丢官卸甲回来了。百姓们问他，他说：“世上做官为宦的毕竟是少数，人们认为那是有造化，可这造化不能人人有，就难免你争我夺。殚精竭虑活得太苦太累。我本是‘龙生虎奶雕搭棚’长大的，何不退隐山林，继续与虎雕为友，乐得寄情山水，在严东湖旁、白虎矶山里逍遥自在呢？”这正是：告别相戕，回归山林。抛虚名似破帽，弃利欲如敝履。

据说，他在白虎矶山中活了一两百岁。须发雪白而脸色红润，见人吟诗答话曰：“无忧无虑又无求，何须斤斤计小筹？明月清风随意取，青山绿水任遨游。知足胜过长生药，克己乐为孺子牛，切勿得陇又望蜀，神怡梦稳慢白头。”谁问他的年纪，他都说“九十九”。年年如此。

后来，那些压根儿不想做官的人也步其后尘，来此定居。人们为了不忘记“龙生虎奶雕搭棚”的奇人，就将此小村庄命名为

“三百里”，而信仰后代“龙生虎奶雕搭棚”高寿的人干脆改姓为“里”的谐音“李”，“三百里”也就变成了“三百李”。但世上压根不想做官的人太少了，“三百李”始终是花山地区最大的一个普通村庄。

2. 花山镇与驼子店

花山镇政府所在地旧名“驼子店”，原是一片荒地，传说一个名叫“雷瑁桑”的驼背人从黄冈南台山来到这里开了一家小杂货店，经营烟、酒、茶、盐、糖等，生意做得红火，人们称为“驼子店”。看到驼子店生意好，其他人纷纷效仿，这里逐渐形成集镇。后来，附近又设东港码头，陆上贸易和水上贸易结合，就这样，这里一天天繁荣，兴盛时店铺达 106 家。

商埠紧邻严东湖，湖里长满莲藕，莲花朵朵常年盛开，过往客商无不停足观赏这自然美景，天长日久，人们将驼子店改名“花山”。

3. 白浒山精美八景

白浒山又名“白虎山”。据清王庭桢所修《江夏县志》记载：白浒山一名白虎矶。白虎矶西与龙骨山（又名青龙山）隔湖相望，当地人认为青龙白虎对峙为不祥之兆，“虎”与“浒”谐音，故改“白虎矶”为“白浒山”。

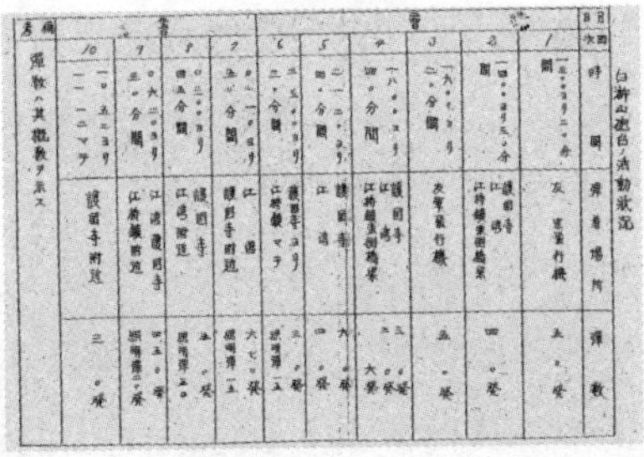

白浒山炮台情况一览表

白浒山海拔高度 149.8 米，扼守长江，向为军事战略要地。它东距鄂州 46 千米，西距武昌大东门 27 千米。1938 年，国民政府江防司令部将白浒山建成军事要塞，在山上驻扎有一个炮兵团，建有瞭望指挥台和四个钢筋水泥结构炮楼。1938 年秋，日寇沿江进攻武汉，在刚接近鄂州市华容区的丁桥时，驻守在白浒山上的炮兵团向日军开了一炮，炮弹正中丁桥，桥被炸毁，吓得日军倒退十余里。这样一来，白浒山的炮兵就成了日军进攻武汉的重要障碍，他们动用数十架飞机集中轰炸白浒山，致使军事设施被毁，无险可守。

白浒山早在光绪年间，就是引人入胜的游乐区。据 1989 年出版的《武昌县志》记载和当地人传说，原白浒山林木葱茂，二人难以环抱的桂花古树参天，气味芳香，山的上半端云雾环绕，如同天庭仙境，游客至此，往往流连忘返。在众多名人的称颂、关注之下，人们将白浒山精致的景色总结出了八景：碧云古寺、仙人立石、峰顶天泉、井边云窟、油盐古井、魏氏书堂、猿猴老穴、矶分江武。

碧云古寺 据清代《武昌府志》记载，碧云古寺坐落在白浒山一川平地上，相传是唐朝洪继王（清官）张巡修建，人们称张巡为

"巡案菩萨"。也有传闻称此庙建于宋太宗太平兴国元年（公元976年）。庙为青砖杉木结构，庙高1丈8尺，分上中下3殿，中间有厢房相连，进庙门为下殿，名为"娘娘殿"，供奉7尊娘娘；中殿为"观音殿"，供奉观世音等众多菩萨；上殿名叫"大殿"，当中供奉着巡案菩萨（庙中当家菩萨），左边供奉祖师爷，右边供奉着关圣帝。从白浒山下杜家村上山的道路，全为青条石所砌。每逢佳节，寺庙灯火辉煌，游人如织，来自黄石、鄂城、华容、葛店等地的朝山进香人群络绎不绝。新中国成立前，碧云古寺仍然香火旺盛，每年"农历"正月十五举行的踏青庙会，前来朝拜的人们踩光了山上的青草。更为热闹的是八月初一到十五的亮子会，每到会时人山人海、商贾云集、香火遍山胜似仙境。据说碧云古寺在清朝前期由和尚任住持，到了民国改为道教圣地，曾有牛道人、万道人、李道人等住持。碑石还在山上保存完整，最后一个道长林道人于1952年云游未归。碧云古寺毁于20世纪50年代初期，庙基古残砖碎瓦至今可见。

仙人立石 传说碧云寺大殿之中有木刻禅师之坐像，底座有一怪石，自然生成，形态若人，故有"仙人立石"之说。仙人立石石圆三尺，高五尺，也有传说，此石为太乙真人所化，有仙气于石中，所以叫仙人立石，当时修庙就是看好这柱仙石，人们朝圣也是为这尊仙石而来，只要香民存心许愿，它是很灵验的，据说一次人们在修庙时不小心把这尊仙石弄断了，然而不几天石头又回到原来的高度模样，所以庙修好后仙人立石于香案之下，因为它会长高，每年必须錾，要不然它会把香案顶起，此石至今尚存。

峰顶天泉 出碧云寺，步行丈五至山顶，有一水井，井面积1.8平方米，井水清如镜，常年不枯。井水深度一般在1.8米左右。峰顶天泉位于碧云寺、魏氏书堂之间，因为此泉于山顶之上，所以叫“峰顶天泉”，泉井之水从未干过，泉水供山上出家人和香客书堂之饮用，井边用青砖所砌，更为奇怪的是它的水位与长江水保持一致，长江水涨它也涨，长江水落它也落。

井边云窟 位于峰顶天泉北边岩石旁，是一个筛子大小窟洞，此洞中的水时有时无，总有一股云雾一样气体冒出，并伴有汽笛般的响声，像音乐一样回荡在山间，人有在仙境中的感觉。白浒山每逢雨季，在雨前雨后，满山云雾缭绕，云雾每从“峰顶天泉”的山坳升起，茫茫而成白罩，神秘而引人遐想。

油盐古井 传说位于白浒山北半山腰，碧云寺有一条路通往此处，是一块巨大石头下的平面上，两个20厘米大小的方井，传说山上的佛道之人在这井取油盐用之，四方香客用膳也是这里的油盐，真是取之不尽、用之不竭。也有传说在碧云寺后，陡壁上有两块相连的大石

白浒山

头，高约1.5米，面积约20平方米。石顶各有一洞，一个洞出油，一个洞出盐，可供寺里僧人食用。不知哪年哪月，山上一小道偷油盐下山去卖，赌博消乐，触怒了油盐之神，再也不冒油盐，从此而枯竭。

魏氏书堂 在碧云寺正对面约百米处，现魏氏书堂旧基尚完好。魏氏书堂位于山顶的开阔地，与碧云寺隔井相望，建于明朝万历元年（公元1573年），毁于抗战时期。房屋为三间，一正二横，砖木结构，因为明朝年间魏巡抚在此读书，后又当过崇祯皇帝的宰相，官封代驾王，后人把书堂改叫“魏氏书堂”。魏巡抚，字小韩，号云奄，在此读书有过神奇的传说，他早上下山到快活岭，有两只白兔给他打露水，下山来鞋未湿过，晚上上山有两盏灯照明，六月天热他从不乘凉，因为有两个小神仙给他打扇子，这一切他自己不知，旁人看得见，这个传说流传至今。

猿猴老穴 白浒山北面有个石洞，高2米，深1.5米。据说，此洞为猿猴栖身之所，故称“猿猴老穴”。它是天然岩石形成的溶洞，可容十人左右，新中国成立后上山砍柴的村民如遇大雨都要在此避雨。1968年，因白浒村民开山采石，洞被炸毁。

矶分江武 白浒山北麓长江之滨，有块很大的矶石，呈黑色，俗称“黑矶”。黑矶的东面为武昌县，西面为江夏县。故有“矶分江武”之说。其实这是山下江边一盘龙礁石，面积约5亩，传说很久以前有一条乌龙在此兴风作浪使得上下的船和人不敢过往，像堵墙隔断两边的人们，这件事惊动仙人，有一位云游道长来到此处把乌龙制服，化作一块矶石，人们把这块矶石称为“黑矶”，道长告诫人们：过往船只，只要朝此矶设案烧香，可以保平安。当时朝廷看见矶石上下的人们来往很少，就以此矶为界限，矶石上为江夏县，矶石下为武昌县。这就是矶分江武的来历。

青菱湖

青菱湖，位于武汉市洪山区青菱河路东侧，白沙洲大市场南侧，白沙洲大道西侧，与江夏区交界。因湖水清澄、野菱甚多而得名。

青菱湖东边的青郑高速公路，起于白沙洲大桥青菱立交，是武汉市 7 条快速出城公路之一，是连通武汉市江夏区与咸宁市的出城道路。

青菱湖

青菱湖风景优美，夏日里满湖的青菱叶片上开满洁白的小花。自清代以来，湖区先后建有李桥渔场和青菱渔场。

1. 青菱古寺“云隐”湖畔

青菱古寺本名“云隐寺”，相传，寺庙经常有祥云缭绕，古寺在云雾中若隐若现，甚为壮观，故名“云隐”寺，又因位于青菱湖畔，人们又称为“青菱寺”。明、清两代，云隐寺处于鼎盛时期，香客云集，人声鼎沸，有大小殿宇36幢。今所存无几，仅在武昌青菱看守所大院残留一座残颓的山门。当年，山门前建有一座天灯，寺庙和尚每天晚上添油使之长明不熄，也叫“长明灯”，此灯至1949年仍旧存在。寺院后沿直抵人烟密集的青菱村，长明灯背后有凉亭山遗址。

相传明代建文帝被燕王朱棣（明成祖）篡位后，遁迹江湖，削发为僧，曾一度隐身于云隐寺。

青菱桥

1851年太平军起，次年，东王杨秀清北征，经湘入鄂，由纸坊穿新港驻兵青菱寺附近。太平军信奉拜上帝会，其余所有宗教均被称为“妖邪”。青菱古寺在所难逃，除一幢殿宇外，均被杨秀清部下焚毁。

传说这幢殿宇内有块木匾，上书“东土西天”四字，年代久远，木匾油漆剥蚀，“土”字的上面掉一块漆看去好似一横，变成“东王西天”四字。西天在东王杨秀清看来也许和天堂的意思一样，心里高兴，下令保存这一座殿宇，于是这座殿宇和后来建起的新殿宇一起保留到20世纪中期，1956年被全部拆毁，改建为现在的青菱小学。

青菱湖荷花

2. 荷花仙女巧帮书生应考

相传江夏某书生多次到武昌府应考，却屡试不第。但他不灰心，更加奋发努力。他勤奋读书不怕挫折的拼搏精神，感动了天上的荷花仙女。荷花仙女便下凡在青菱湖畔与书生相遇。仙女见书生，一见如故，对书生萌发好感，设法关怀书生，更如此这般地巧妙指点书生。仙女满怀热情地送书生赴考，并亲切相勉……考试结果，书生高中。当书生高兴地赶回湖畔，准备向仙女致谢时，荷花仙女竟飘然升天了。为了减轻人们的失落感，据说这一年，青菱湖畔竟然开出了许多并蒂莲。

三镇江北湖泊

月湖

月湖位于武汉市汉阳中心城区西北部，东抵龟山，南傍古琴台与梅子山，西抵赫山脚，北依汉水。早年以盛产莲藕、菱角闻名三镇。

月湖

月湖由于水质好，湖底淤泥肥沃等原因，所产藕粉曾与被誉为武汉特产的洪山菜薹齐名。一直到20世纪80年代初，月湖藕还通过“三趟快车”运到香港。

月湖景区包括古琴台、龟山、梅子山以及江汉桥、月湖桥

月湖一角

等，留下许多优美、凄婉的传说。其中最为著名的是伯牙遇知音子期的故事，给后人留下了丰富的知音文化。从此高山流水遇知音的故事在华语世界家喻户晓。1977年，美国发射的“旅行者”号太空船携带《高山流水》古乐进入太空，知音成为世界通用的心灵语言。国内浙江、山东等地建有3座琴台仿造景点，德国杜伊斯堡以及日本大分市对琴台均有复制。

晚清时期，湖广总督张之洞兴办洋务，在月湖一带创办当时亚洲第一大铁厂——汉阳铁厂和国内最大兵工企业——汉阳兵工厂，所产“汉阳造”步枪名满天下。

1. 龟蛇恶斗变河山

相传，远古时武汉是一片荒凉的沼泽，有一天，从南北方向的地下分别冒出乌龟精和蛇精两个庞然大物，它们都看上这块宝地，便展开一场恶战。观音菩萨在天上闻着血腥气，向下界一看，只见鲜血满地，龟、蛇正在恶斗，殃及鱼虾不得安宁。观音令龟、蛇停战，它们不听。观音拔下发髻上的一对宝钗抛出，宝钗立即化作一双利剑，把乌龟和蛇的头都斩掉，但蛇头和龟头还在争斗。观音令一对仙鹤叼走龟、蛇的头，又将净水瓶中的水洒下变成一条大江，将龟蛇隔开。久之，龟、蛇的僵尸变成龟山和蛇山，永远被隔离在长江南北两岸。

2. 大禹治水到大别

相传，大禹奉舜之命治理洪水，接受其父鲧的教训，改堵为导，决江疏河，艰苦卓绝，终于平治水土，使人民得以发展生产，安居乐业。大禹在治水期间，“劳身焦思，居外十三年，三过家门不敢入”。大禹疏江导汉，使汉水在龟山之南与长江合流，形成江汉朝宗于海之势。大功告成，大禹曾登上龟山，见山南与山北景物迥异，慨然感叹：“一山隔两景，真大别也。”于是龟山更名为“大别山”。大禹来到山头空旷处，种下一棵柏树，后长成参天大树，至宋时仍存于太平兴国寺门前。苏轼至此曾赋《禹柏》诗：“谁种殿前柏，僧言大禹栽。不知几千载，柯干长苍苔。”1861年《续辑汉阳县志》载：相传禹植柏于大别山头，根达柏泉寺井中，故名柏泉古井（位于今武汉市东西湖区柏泉农场境内的兴隆村月塘角）。今人淘井犹见两树

禹稷行宫

根，状如双鲤，其泉对面涌出，如鱼戏水，遇岁旱犹供数十村汲取。又传，归元寺内有口水井，此井一年四季清泉不断，传说龟山头的禹柏树根直通井底，井底有一对喷水鲤鱼，水面还浮现“翠微古井”四字。遇到旱年，二龙山（翠微峰）四周的百姓都靠这口井汲水浇田。

龟山东麓临江处，石矶天成，如刀似斧，直劈江水，与对岸黄鹄矶隔江相望，形成长江中游的天然门户。相传“禹劈山导水皆经此”，为大禹疏导汉水进入长江的成功之所。后人在此建立禹王祠，取矶名“禹功矶”。元代文人林元作《大别山禹庙碑记》：世祖皇帝南巡，驻于黄鹄山。一日，元世祖忽必烈登上黄鹄山（蛇山），问对岸突入江中的石矶何名？群臣争相答道：传唐代仙人吕洞宾曾吹笛其上，故名“吕公矶”。元世祖又问，唐以前何名？群臣无以应对。适一老丈路过此地，答：唐以前原名“禹功矶”，因大禹治水成功于此。元世祖听后十分高兴，命立祠庙于矶上，以寄禹功之思。

相传，大禹治水前，赑屃（传说为龙子之一）与其他龙族一样到处兴风作浪，洪水四溢，害得民不聊生。大禹终将赑屃制服，并利用其力大无比的特长，命其为治水先锋。赑屃为大禹的精神所感动，四处探察水情，为治水大军逢山开路，遇河搭桥，立下汗马功劳。治水成功后，大禹考虑赑屃既为龙族，或恐本性难易，于是根据其喜负重的特点，备了无字碑，说：你治水功劳太大太多，石碑刻不下，故不刻。此碑虽无字，但世人定会知晓你治水的卓著功劳。你若负碑在背，无论走到何处，人们均知你是治水功臣。赑屃听后欣然将碑负在背上，大禹施法将其固定，此后再无兴风作浪之虞。据说赑屃受大禹教化后，常为民祈福，人们若抚摸其头并许上心愿，则会心想事成。

在今晴川阁景区周边，留有禹稷行宫、禹碑亭、朝宗亭、《禹柏》诗碑、赑屃碑、禹功矶等景点，系人们为纪念大禹治水的功绩所建或命名。

3. 灵龟斗怪化龟山

相传楚国疆域有七大泽，云梦泽为其一，方圆达 900 里，武汉就处在云梦泽水域的中心。云梦泽和长江、汉水屡屡泛滥的洪水对古汉阳百姓构成莫大威胁。大禹治水来到江、汉交汇之地，面对难以制服的水患，问："谁有良策能制服洪水？"一山神答道："洪水泛滥是因水中有水怪在兴风作浪，如能降服水怪，洪水自会平息。"于是大禹命天神下凡捉拿水怪。天神遵命，布下战场，一时间乌云密布、电闪雷鸣、狂风暴雨、浊浪排空，不甘示弱的水怪在水中踏波应战。这水怪头上

龟山风景区

长角，火眼金睛，青面獠牙，两翼长着肉翅，且水陆能战。天神迎上前去，举枪便刺，水怪以角为刃，直逼天神，天神一时难以取胜。这时天降灵龟大将助阵，他由高处直压水怪头角，霹雳一声震天巨响，灵龟腹部被戳穿，血染江面，同时水怪也遭到重创，一蹶不振。霎时云开雾散，江、汉平和，云梦泽风平浪静。英勇牺牲的灵龟则化作一座山峦，匍匐在汉江一侧，保护江、汉平安。后人为纪念灵龟大将，将其化作的山峦称做“龟山”。

4. 长虹卧波系龟蛇

远古的洪荒时代，洪水时常淹没田地、毁坏村庄，十分凶险。大禹来到这里，疏江导汉，终于制服洪魔。

大禹为了不让洪水再度逞凶，就令龟蛇二将一东一西镇守天上来的大江。最初，龟、蛇忠于天职，时间一长，一个东，一个西，隔着滚滚的大江，可望不可即，便感到寂寞难熬，思念不已，就横江叙旧。老百姓怕大江断流成灾，先后在黄鹄矶上建黄鹤楼，在禹功矶上建晴川阁，分别压着龟、蛇两头，不让它们横江。阁楼一建，龟、蛇只得暗暗流泪。后来，阁毁楼危，龟、蛇相约在敲一梆的半夜子时合拢促膝长谈。更夫知道后，每天到了子时不敲梆。一天天过去，龟、蛇痛苦极了。

到了光绪末，有位书生来到禹功矶的黄公书院读书。这书生既不读诗云子曰，也不写八股文章，对着天凝望了九天九夜，又在驮石碑的赑屃旁深思了九天九夜。他决心使自己成为一只神笔，画一条长虹架两岸，成全龟、蛇相念之苦。在一个明月皎洁的夜晚，书生引笔铺纸，一个劲地画彩虹，画了一张又一张，一夜又一夜，到了第九夜，画好了一幅《长虹卧波图》，赤橙黄绿青蓝紫，七色俱全，浓淡适宜，真是美极了。这时，在丛树浓叶中，躲着一位女子啧啧称赞。可书生呵斥一声，把《长虹卧波图》撕个粉碎。这位女子见此情形，闪出树林，来到窗前，说道："公子，你的丹青画得那么美，为何撕去？"公子见窗下有位如花似玉的女子，不觉一惊，道："深更半夜，临窗发话，有何见教？请到房里一叙。"

这女子十分大方，飘然入内，道："公子，女子来到禹功矶，见你画了九天九夜，孜孜不倦，精益求精，十分感动，但不知公子为何画长虹卧波图？"书生把自己的夙愿告诉了女子。女子道："让女子画张试试！"说完，握笔挥毫，瞬间一条长虹落在龟、蛇两山山头之上，江水在长虹下欢腾北去，龟蛇二将也握手言欢了。

长虹卧波之后，女子忽然不见了，老百姓齐声道："仙女下凡架大桥！"

月湖公园知音桥

5. 伯牙汉阳遇知音

春秋战国时期，晋国的上大夫伯牙，瑶琴弹得很好，举国上下都找不到一个知音。他日思夜想：人上一百，种种色色，晋国没有，还有外国，单单不信没有知音。他抱琴回到土生土长的楚国，一来为晋国求贤，二来寻找知音。那天，他把官船弯到汉阳的一座山坡下，面对汉江弹起“高山流水”曲，曲还没有弹完，

高山流水

一根主弦陡然绷断。伯牙认为弦断得蹊跷，必有知音到。知音不是豪门公子，也不是一介书生，是个戴斗笠、披蓑衣、背冲担、拿板斧的山野樵夫钟子期。他听到伯牙弹的“高山流水”，心合琴声跳，斧随琴声舞，不想，一板斧劈断一根大树枝，主弦随即绷断。

伯牙有意在官船上大声感叹：“为何荒野回声大？”山林中，钟子期高声回答：“只因山高流水长！”伯牙重整断弦，再弹一曲，子期合唱：“美哉洋洋乎，意在高山！”伯牙也不理会，又弹一曲。子期急奔下山，隔船赞唱：“美哉汤汤乎，志在流水！”伯牙一听，直伸大指甲，忙把子期请到船上，美茶相陪，酒肉款待，谈音论律，八拜为交。伯牙 37 岁，称兄，子期 27 岁，为弟。

话长夜短，两人不觉聊到东方鱼肚子白。子期起身要走，伯牙难得知音，哪里舍得，硬要接他到晋国，有盐同咸，无盐同淡，共操琴艺。无奈何子期上有年迈二老高堂，下无兄弟姐妹，远离不得，只好约定来年中秋在集贤村钟家相会。

转眼到了第二年中秋，伯牙又抱琴来楚国汉阳，向一位白胡皓须的老翁问路："请问老公，这里可是集贤村？"老翁说："集贤村有上下两个湾子，不知道先生找的是哪个地方？"伯牙说："找我的知音朋友钟子期。"老翁一听说是找钟子期，眼圈一红，眼泪洒了下来，哭着说："您是伯牙大人吗？我期儿坟上都长草了，今天是他的百日，他死的时候，还要听先生弹琴哪！"伯牙一听，跌脚捶胸，呜呜大哭一场。跟着钟父到子期坟头，把琴搁在拜石上，边哭边弹。那上下左右村子的人们，听说大臣上坟拜祭子期，赶来看稀奇，见伯牙打坐弹琴，以为他好不懂事，还在取乐，就都叽叽哄哄地走了。伯牙一见，越发伤心，搜出解刀，割断琴弦，举起瑶琴，使劲往拜石上一摔，高声哭唱："摔碎瑶琴凤尾寒，子期不再对谁弹？春风满面皆朋友，欲觅知音难上难。"

后人忘不了伯牙和钟子期的深情厚谊，就把当年伯牙江边鼓琴觅知音的地方起名"古琴台"；把伯牙摔琴谢知音的地方，起名"琴断口"；把钟子期的家乡集贤村，起名"钟家台"。

6. 血溅桃花表节义

古时候，龟山北麓有桃花洞、桃花夫人庙（息夫人庙），四周遍植桃花，为民间游者踏青举行赛会的胜地和风景区。

相传，春秋时汉阳属于楚国。楚国东北有个很小的国叫"息国"，息国的国君娶了桃花溪边一个美丽贤惠的姑娘，名叫"桃花"，亦

琴台大剧院

称“息妫”。桃花和息君感情很好，每当息君上朝，她都伴送到寝宫门口，息君操劳一天回到寝宫时，桃花给他弹琴唱歌，消除息君的疲劳，使他得到快乐。后来，楚文王攻占息国，把桃花虏进楚宫，把息君捉住关押在一口枯井里。

楚王见桃花生得漂亮，专门为桃花兴建一座桃花宫，让桃花深居宫中，每天吃山珍海味，穿绫罗绸缎。但桃花终日思念息君，常常靠着窗台，痴痴地望着窗外自由走动的人们。一天，她看见外宫高墙边有一个身穿破袄、骨瘦如柴、面容枯黄的人，手拿一把大扫帚在打扫尘土。仔细一看，认出那个扫地的人正是她日思夜想的息君！桃花张嘴要喊，一看楚王正盯着自己，不得不把张开的嘴闭住。楚王看在眼里，非常不高兴，对着窗外把手一摆，桃花看到几个武士，把息君推进一口枯井中。桃花马上跪在楚王面前哭诉说：“大王，我代息君感谢你不杀之恩。我夫妻俩分离，使我受了惊吓，吃了许多苦头，心中怨恨他。如果大王允许我当面羞辱他、责备他，出出心中的怨恨，今后我就用性命来报答你的大恩大德。”

楚王一笑，一口答应了桃花的请求。

第二天，楚王叫武士把息君从枯井里带出来见桃花，桃花泪水挂满腮帮。息君一见桃花，大吃一惊，又羞又愧，又悔又恨，凄惨地说：“快快回宫吧，你能过得好，我就是死了也心甘。快回去，楚王知道会要你的命。”

桃花揩干眼泪说：“这样活着，比死还难受，你我夫妻不能生在一起，总可以死在一起！我心像天上的皎日，你要不信，请看吧！”说罢，抽出藏在怀里的宝剑，朝自己脖子上一抹，接着，息君也用剑刺杀自己。等楚王赶来，两人已经死在血泊中。楚王钦佩桃花和息君的气节，下令以诸侯的规格将他们双双埋在龟山旁边。

此传说在《烈女传》有记述：“楚伐息，破之。虏其君，使守门；将妻其夫人，而纳之入宫。楚王出游，夫人遂出，见息君，谓之曰：人生要一死而已，何至自苦生离于地上？岂如死归于地下哉！乃做诗曰：合则异室，死则同穴，谓予不信，有如皎月。息君止之，不听，遂自杀，息君亦自杀。楚王贤其守节有义，乃作诸侯之礼，合而葬之。”后有人据《左传》“楚灭息，以息妫归，生诸敖及成王”，认为息夫人屈从了楚王，并生了两个儿子。后安徽文人孙璧文作《息夫人辩》，认为息夫人被楚文王纳入宫中，年已五十，不可能再生二子。清吴骞《拜经楼诗话》则进一步考证：楚王因息夫人不从已死，别娶了息夫人的侄女儿，亦号息夫人。

后来，人们在桃花夫人墓周围遍插桃花，桃花盛开时，很远的地方都能闻到香气。从唐代起，历代文人骚客对桃花夫人庙（祠）、桃花夫人洞留有诗文。清代，“古洞仙踪”被列为“月湖八景”之一。今庙与洞早已不在。

7. 关羽洗马龟山脚

莲花湖位于武汉市汉阳区龟山南麓，汉阳大道以北，拦江路以西，北邻莲花湖路。因每当荷花盛开时，红白争艳、清香四溢而得名。

1959 年，莲花湖被辟为公园，为游客休闲娱乐之地。20 世纪 90 年代末，莲花湖修建莲花湖水上世界。

东汉建安十三年（公元 208 年），刘备带领诸葛亮、张飞、赵云等在襄阳一带与曹操大军作战之前，关羽奉诸葛亮之命统领 1 万余水军驻守汉阳。

相传关羽当年在汉阳将营帐设在大别山（龟山）东北麓，每天骑着赤兔马提着青龙刀巡察军情，指挥将士操练水军。有一天关羽沿龟山东麓长江边崎岖山路来到莲花湖边，见满湖荷叶碧绿、荷花绽放、湖水清澈，湖水注入长江口形成一汪涟漪，于是在该处竖立一根 1 丈多高的青石柱，出征前或收兵后小憩，常到此将赤兔马缰绳系于石柱上，以清澈甘甜的莲花湖水饮马，并细心刷洗

古琴台

马身。回到营地，关羽将赤兔马藏在龟山北麓一个宽敞石洞之中，使之养精蓄锐。并置一磨刀石于洞内，一边磨那柄青龙偃月刀，一边与赤兔马做伴。时间一长，在营地到莲花湖的这段江边地带踏出一条有模有样的路来。

关羽的赤兔马原为董卓的一匹骏马。这匹马浑身上下火炭般赤，无半根杂毛；从头到尾，长一丈；从蹄至颈，高八尺；嘶喊咆哮，有腾空入海之状；日行千里，飞走如风；渡水登山，如履平地。董卓曾用赤兔马及黄金珠宝收买吕布，吕布得赤兔马如虎添翼，刘备、关羽、张飞三人合力讨董卓战吕布，吕布虽力战不及，却有赤兔马相助，飞马逃走。后来曹操决沂、泗两河之水将吕布困于下邳城白门楼，吕布部将侯成盗赤兔马献于曹操。关羽为扶汉室、护二嫂（刘备夫人）、寻皇叔（刘备），暂降于曹操，后曹操将赤兔马赠予关羽。关羽不久即得知刘备投奔到河北袁绍处，便千里走单骑，过五关斩六将，直奔刘备而去。关羽找到刘备，赤兔马功不可没，关公对它自然关爱有加。关羽统兵汉阳，且在汉阳截退曹操亲自率领的追兵，营救从襄阳一带战败逃来的刘备一行人。刘备在樊城战败后，操小路逃到汉津（汉阳东汉时称“汉津”），被屯兵于此的关羽相救，“得济沔到夏口”。

此后，关公洗马的故事在民间千古流传，明清时期地方志书亦多有记载。明景泰《寰宇通志》记载：“洗马洞在府城南、吴王矶之侧。土人云，蜀关羽洗马于此，故名。”清同治《续辑汉阳县志》

载："洗马口在禹功矶南，旧志关公曾洗马于此，本一石厦。明神宗时，知县陈尧钦建水月庵于其上，立碑，勒'振衣冈'三字，今碑不存。"又载："关王洞，一名藏马洞，在大别山北，旧志吴蜀用兵，关公曾藏马于此。旁有武安王庙，今废。洞内有一石，传为关公磨刀处，又一石在山顶。"1999 年版《湖北地名趣谈》载：洗马口原立有一根一丈多高的青石柱，人称系马柱，位于长江大桥汉阳桥头堡北侧约 40 米处，1955 年修建长江大桥时填塞了洗马口，系马柱亦不知去向。

明末，小说《三国演义》面世，声名远播，三国故事盛行于朝野。关羽洗马的故事由民间传入皇宫，皇帝听后顿生谋略，准旨将关羽巡察江边至洗马口的一条崎岖山路辟为街道，名为洗马长街。皇帝命名洗马长街以纪念关羽，其实另有别意，即从龟山"颈部"辟建洗马长街，施行"龟斩首"，凿断龙脉以保帝位。此街名沿用至今。

8. 大别晚翠

明永乐年间（公元 1403—1425 年），贡授御史黟（今安徽省黟县）人王静（字永静），任职汉阳知府。一天，带着随从，换了便衣，骑马出府衙，穿过县正街（即今日显正街），出东门，沿东正街官道向北而去。

潇潇暮雨，下不多久就停了，只听得马蹄子踏在湿地上的轻响。一行人来到铁门关，下马登上城楼，夕阳已经隐没到大别山的背后，余晖照耀在山峦和江面。众人站在铁门关头，北望大别山和山北侧的汉江，南往长江和长江边的芦苇，雨后更显得山岭耸翠，山间雾气升起，白雾中露出松树和杉树苍绿的树梢。天色越来越暗，四周越来越静，禹王矶的岩石的形状如一条奔腾的龙，江边渡口浅水滩白鹤曲着长颈梳理羽毛，禹王庙晚钟悠扬地敲响，月亮悄悄升起在天空，江滩上一片白如雪的芦苇夜风中摇摆。

随从拿出随身携带的纸笔墨，王大人提笔做诗歌咏汉阳十景之“大别晚翠”，诗曰：

巍翠层峦千仞青，雨余云气霭山屏。
松杉蓊郁知林茂，人物魁奇识地灵。
夜静矶头龙脱骨，日长渡口鹤梳翎。
遥听禹庙钟声震，芦苇萧萧月满汀。

9. 江汉朝宗

据《尚书·禹贡》所载：“荆及衡阳为荆州，江汉朝宗入海。”也有史籍记载，自古荆州之城，江、汉为重；鄂汉之山，大别为表。禹乘四载，随山刊木，导水至于大别。西则岷蜀襄沔之众流聚焉，南则衡湘洞庭之巨浸汇焉。盖下知几经凿决排，而后得此朝宗之象。制服洪水，大功遂成。

朝宗亭

江汉之水相聚之后，水势汹汹，转了一个大弯然后东流，两江汇聚一水向东，声势壮观闻名中国。如若大水来袭，站在铁门关的城楼之上，远远望去，不尽长江之水滚滚流，涛涛汉水从北向南而来，在大别山脚、铁门关下与长江汇聚，真有水漫青山之势，惊心动魄不亚于钱塘江的海潮。

明永乐年间汉阳知府王静写下汉阳十景第二景“江汉朝宗”：

岷江汉水合重流，远楼长天领素秋。
滚滚烟波归大海，滔滔雪浪浸芳洲。
鱼吹萍鬠通金口，鸥荡芦花过岸头。
飞鹜落霞吟趣外，云帆来往送行舟。

龙阳湖

龙阳湖地处武汉市汉阳区，是汉阳地区水系网络的重要湖泊之一，也是汉阳六湖生态水网构建的重要节点。龙阳湖东邻龙阳大道王家湾商业繁华区，北靠汉阳大道，西南是三环线和武汉经济技术开发区。湖区的汉阳经济开发区成为汉阳地区经济快速发展区域。

据 1991 年版《武汉市志·农业志》记载，龙阳湖 1936 年面积为0.41 万亩，1957 年面积为 0.4 万亩，1982 年实测面积 0.27 万亩，常年平均水深 3.5 米，湖底高程 16.5 米，养鱼划定水位线高程为 19.5 米。

清代即开办有渔场，新中国成立后属汉阳渔场。2003 年湖泊生态改造后，启动龙阳湖旅游度假区建设。武汉龙阳湖旅游度假区是湖北省级度假区，总面积 10 平方千米。度假区规划 8 个功能区，集文化娱乐、别墅公寓、风景浏览、体育休闲、康复疗养、水上游乐等于一体。

自唐代以来即在龙阳湖地区盛行的汉阳高龙，2006 年入选第一批国家级非物质文化遗产名录。龙阳湖地区有关汤家山、磨子山、扁担山、米粮山、锅顶山、仙女山等的民间传说也家喻户晓。

扁担山公墓墓园占地面积 600 多亩，辛亥革命后，革命军在汉阳保卫战中曾在这一带与清军激战，许多烈士就长眠在扁担山。1954 年，人民政府辟扁担山为公墓山。同年底，将汉口宝丰路天主堂墓场、黄浦路公墓、汉阳六角亭红色战士公墓等迁此，并建立一个辛亥革命烈士公墓。

1. 绿水潭青龙昂首

龙阳湖边的扁担山

汉阳汤山向阳坡上有个清幽幽的深潭，人们叫它“绿水潭”。潭水顺着小溪弯弯曲曲，穿过汤山，流到扁担山脚下。

传说，一天有位仙女从天上飘然飞来，停在溪水说:“水好是好就是小了点。”话没有落音，溪水咕嘟咕嘟漫过她的绣花鞋打湿凤摆裙。仙女慌忙跳起身把脚移开，溪水顺着她的脚背往上涨。仙女腾空而起，一脚踩在东边的汤山，一脚踩在西边的扁担山，溪水哗啦啦漫过两山间的凹地，一直涨到半山腰，变成一个碧波荡漾的大湖。绿水潭的水全都流进了湖里，从此潭水干涸。

不知哪一年，一条青龙凌空而降，一头钻进湖水住下来不走了。人们从很远的地方看见青龙在湖里戏水，仰首摆尾，于是起名“龙仰湖”。

一天深夜，青龙跃上岸，在汤山和磨子山间飞来飞去，在汤山向阳坡干涸绿水潭缩成一团卧着，夜深人静时伸出头到龙仰湖边饮水，不久之后在湖边生了两颗蛋。

一天，当地一个樵夫在山上砍柴回家晚了，腰里别着板斧背上背一捆柴，急急忙忙赶夜路回家，一条山脊梁上跌跌撞撞，爬坎下坡，累得气吁吁，实在走不动坐下来歇口气，心里纳闷：这条路平日走惯了的，怎么今天夜里凭空多出一条山脊梁呢？摸摸身下的山石，湿漉漉、凉飕飕，好大一股腥气，借着星光一看，发现自己坐在正在饮水的青龙的背上，当下大吃一惊，顾不得多想，抽出板斧猛朝龙鳞狠狠一劈，青龙昂首向天，长吟一声，飞腾到半空在龙仰湖上转了五圈，依依不舍地飞走了，从此以后，龙仰湖里再也看不到龙了，没有孵化出小龙的两颗龙蛋天长日久化为两块巨石。

后来，当地人把汤山向阳坡青龙生蛋的空潭周围一块地叫做“龙窝”，龙仰湖也因为传说变音为“龙阳湖”。

2. 磨子山中藏宝库

从前，汉阳龙阳湖畔的磨子山下有个叫“小白菜”的孩子，被后娘赶出家门，渴了喝湖水，饿了吃野菜。这天，小白菜想起亲妈，伤心地哭了。一位慈眉善目的老奶奶走来对他说：“孩子，别伤心，明天打雷下雨时，你就将磨子山顶一颗皂角树上的长丝瓜摘下来，围着磨子山转三圈，一边转，一边唱：‘丝瓜长，磨子圆，拖着丝瓜转圈圈，磨子开半边。’那时，你能得到许多宝物。不过千万要记住，下山时

龙阳湖

要把长丝瓜丢到皂角树上去，它是磨子把，会自己长到瓜藤上去。”第二天清早，雷雨大作，小白菜按老奶奶的指点爬上山顶，摘下丝瓜，边转边唱。刚转完第三圈，只听一声巨响，磨子山的磨盘开了一条缝，金光闪耀。小白菜跳进去，只见里面到处是金银财宝，他拿出一小块金子，把丝瓜往树上一丢，就跑下山去，磨子山又合拢了。小白菜用金子换了钱，在山下盖起瓦房，开荒种地。后娘见小白菜突然富起来，就跑来打听发财窍门，小白菜一五一十告诉了她。于是，后娘天天盼着下雨。一天，大雨哗哗，响雷轰隆，后娘拿着大口袋，拼命爬上磨子山顶，照小白菜说的行事，果然见到财宝。她用口袋装满财宝，仍不满足。她想：长丝瓜是磨子把，我先带回家去，明天赶几辆大车来，把财宝都装回家，一辈子也享用不完。主意一定，她抓起口袋，拿着长丝瓜向山下跑，只听轰隆一声，磨子山上下合拢，长丝瓜和贪婪的后娘都被包在磨盘中，磨子山宝库再也打不开了。

3. 仙女授艺做粑粑

米面粑粑是武汉人喜爱的早点之一。

相传，从前天上有个勤劳善良的仙女，她做的米面粑粑神仙们个个都喜欢吃。仙女想将这手艺传给人间，就在姐姐的帮助下，用扁担挑着磨盘、铁锅、大米下凡了。临行前，姐姐叮嘱她一定要在七七四十九天内赶回天庭。仙女挑着担子来到汉阳汤山脚下的龙阳湖畔，取湖水将大米磨成又白又细的米浆，用米酒发酵，然后架起平锅，用汤山松果球作燃料，将米浆一瓢瓢摊在平锅里烤，香味飘出十里之外。乡亲们闻着香味寻到仙女锅前，吃着外脆内松的米面粑粑，学着做米面粑粑的方法。仙女教了一批又一批，四十九天过去了，人们极力挽留仙女，仙女也不愿再回天庭了。玉皇大帝知道仙女私自下凡不归，命天神将仙女押回问罪。刹那间，飞沙走石，天昏地暗，仙女挑起担子向北跑，天神在后面紧追不舍。跑到不远处，仙女绊了一跤，再也跑不动了，扁担变成扁担山，磨盘变成磨子山，掀翻了的铁锅变成锅顶山，大米变成米粮山，仙女化作仙女山。人们为感念仙女传授做米面粑粑的手艺，就在仙女山上盖了一座仙女庙。

由仙女传授技术做成的米面粑粑，在汉阳很“吃香”，并很快传遍了武汉三镇，一代一代传下来。后来，米面粑粑成为湖北盛行的特色早点。

4. 汉阳高龙

湖区居民擅舞高龙，称“汉阳高龙”。汉阳“高龙之舞”源于唐代，盛行于鲤鱼洲至龙阳湖一带的渔业村、丰收村、红卫村、沟嘴村、龙阳村、汉城村、汤山村、陶家岭村。世代相传，每逢喜庆节日，有“玩龙灯”的习俗。

汉阳高龙由龙头、龙身、龙尾 3 部分组成。高龙的龙头呈

“乙”字形，高 4~5 米，重量有 20 千克、40 千克、50 千克。龙头造型依据“鲤鱼年年跳龙门，跃过龙门可上天”之说。龙身由 13 ~ 17 个圆形灯节串成一体，龙尾与滚龙龙尾相近。龙头昂扬，龙额开阔，龙角粗壮，龙眼滚圆，龙嘴宽深，龙齿有序，龙须飘逸，龙鳞闪烁。依“神龙显身不现爪，一旦现爪不得了”之说，汉阳高龙不现爪。

汉阳高龙

高龙从开始扎制到更换新龙，有“开喉”、“开光”、“焚龙”的过程。扎制高龙，从正月初八、初九开始准备，正月十一是起扎“开喉”或“开光”之日。

扎制完毕的龙灯不能马上起舞，须先到药王庙祭祀孙真人（孙思邈），请求药王显灵为龙开喉。到天帝面前开口说话，奏请上苍佑福人间。开喉的高龙意寓得灵气，即可起舞。

“开光”按传沿习俗，只能在水边举行十分庄重肃穆的仪式，摆设神案，敬献香烛，奠奉牛羊之首（为大祭）及新鲜瓜果，以示恭敬虔诚。祈祷苍天，让高龙获得“天合”，赋予灵性和神感，从而布施甘露，泽福人间。

舞龙 3 年为一轮，满 3 年“歇灯”（换新龙灯）。第三年正月十五晚尽兴舞龙，到凌晨举行升天入海仪式，俗称“焚龙”。“焚龙”

仍按“开光”的习俗，届时，由年长者高擎号灯，吟诵时，不分男女老幼，不分尊卑贫富，均合掌叩首，祈求神龙赐福保佑，再持火把焚化龙灯。此时为“抢福”之际，抢到龙珠，则预兆一年财源旺盛，珠宝盈门；谁能分享到龙须，则预兆来年必添丁加口，子孙满堂。高龙的每片鳞甲和每一部位，均寓意给虔诚的人们带来好运、带来福气。

按传统习俗，除花龙以外，扎龙、开喉、开光、焚龙等，女子不得参加。有“女人不近（龙）灯，（龙）灯逐年增，三年一轮满，送龙把天升”之说。

表演技法。汉阳高龙每年到城乡各处给人们拜年。龙灯所到之处，锣鼓喧天，鞭炮不断，各家各户喜迎龙灯，男女老少争相观看，互致祝福。

高龙的表演集中体现在舞龙头。技法有叩、扫、举、抖、顶、托、衔等多种，体现神龙拜年、体察民情、祷告上苍、降伏妖孽等意态，同时具有较强的观赏性。

龙阳湖远眺锅顶山

叩：龙头绕场叩首三点头，向父老乡亲拜年，以示吉祥。此为传统礼仪之举，一般由有威信的年长者承担。

扫：持龙头者站马步或单跪式，双手持杆将龙头侧举或平躺，原地向四周旋转若干圈后，再将龙头扳起昂首直立。其间，龙头忌擦地，转速越快、旋转圈数越多，观众喝彩越热烈。此举俗称“打掺”，意在神龙体察民情，周全备致。

举：用双手或单手将高龙龙头高高举起，略微抖动，上下起伏数次，有如神龙腾云之状。

抖：龙头主骨下端在舞龙人的左手、右手、肩头左右腾挪，如此往返表演，龙头不断随之抖动，有如四处周旋，左右逢源。

顶：将龙头主骨下端分别搁置在舞龙人头顶心、额头前，显示神龙进入庄严神圣的境界，同时展示舞龙者的头上功力。

托：托举龙头，分为单手托、双手托、单肘拐托、肚托、拳心托、单双拳心互换托及单膝托等，舞龙人显得轻松自如，亦寓神龙降伏妖孽所向披靡。

衔：舞龙人将龙头主骨下端衔在口中，搁于下齿上，双膝跪地，双手合于胸前，寓意神龙功德圆满，百姓衣食富足，有口皆碑。

汉阳高龙古今传承，民间舞龙生生不息，历年元宵节前巡回表演，亦是每届汉阳区文化庙会、武汉市舞龙艺术节，以及全国首届残疾人技能技巧竞赛开幕式等大型庆典活动的表演节目。

1999 年 12 月 17 日迎澳门回归，中国文学艺术界联合会和中国民间文艺家协会在河北省廊坊市举办了“国安杯”中华舞龙大赛，由龙阳村、渔业村的高龙舞龙队组成的武汉红金龙代表队获得中华舞龙大赛“国安杯”金奖、首届中国民间文艺最高奖——“山花奖”

第一名。12月19日上午，汉阳高龙参加中央电视台在八达岭长城《相逢2000年——龙舞大中国》电视专题节目的录制，当日晚21时，汉阳高龙参加天安门广场百龙欢庆澳门回归大型庆祝活动。

墨水湖

汉阳墨水湖由太子湖、龙阳湖等大小湖泊汇集而成，为古汉水入长江口之一，与刘家湖、青草湖、高公寨、葛藤、上平塘、下平塘、南湖、平塘口、小寨湖、黄毛湖、泗洲堤、猪湖、杨家湖、柳家湖、龙王湖、白业湖等相连，总称为“墨水十七湖”，湖面广阔、湖水墨绿、湖岸曲折参差，有大小岬湾十几个，风景优美，是“汉阳十景之一”的“平塘古渡”。墨水湖属墨水湖—龙阳湖—南太子湖（北太子湖）水系，为浅水湖，面积曾达到30平方千米。

墨水湖全景

据1991年版《武汉市志·农业志》记载，墨水湖1936年面积为0.74万亩，1957年面积为0.45万亩，1982年实测面积0.5万亩，常年平均水

武汉动物园鸣凤桥

深 3.5 米，湖底高程 16.5 米，养鱼划定水位线高程为19.5 米。

新中国成立前，墨水湖为公产，收入归育婴堂使用。1926 年为王汉三霸占，设水湖管理处，自任主任，雇用打手，强收水课（一船一业每月银元 4 元）。到1949 年，满湖荒草，鱼类资源濒临枯竭。1951 年，划归新成立的汉阳渔场管辖。

1975 年起，全国八大动物园之一的武汉动物园新址在此筹建，1985 年正式对外开放。2012 年，墨水湖和南湖、龙阳湖等三大湖泊，开始全面禁止大规模人工渔业养殖，休养生息。截至 2013 年，墨水湖水体分属于汉阳渔场和武汉动物园。

墨水湖有优美的风景和传说。

1. 墨水湖乌龙作怪

古云梦泽中的墨水湖，居住着各式各样的动物。它们久居湖中，修炼成仙，把这方湖水变成了动物的群仙世界，为首的则是盘踞湖中的乌龙大仙。乌龙大仙性格暴戾，平日里作威作福，一不高兴就兴风作浪，虾兵蟹将和其他动物都奈何它不得。乌龙大仙把偌大一个湖变成为独立王国，自享其乐。

居住在天上王宫内的王母娘娘，每年都要举行蟠桃宴会，邀请各方神仙前来聚会，品尝琼浆玉液和仙果佳肴。这一日，乌龙大仙及湖中的黄龙、鲤鱼、螃蟹、乌龟、水蛇等诸位大仙以及平时住在湖边岸上的白马王子，都欣然应邀赴约。住在其他地方的仙鹤、天鹅等飞禽走兽也纷纷前来助兴。这些动物大仙在蟠桃大会上各施技艺，各路神仙纷纷赞好。

太白金星趁着酒兴提出，不如让这些大仙们住在一起，随时上天为玉皇大帝和天兵天将们演出。

黄鹤大仙表示赞成："我的故乡在云梦泽，那里地域宽广风景秀丽而且出产丰富，是理想的居住地。"王母娘娘、太白金星听说后很高兴。

乌龙大仙有些坐不住了，一旦各路大仙都到云梦泽来，岂不是会威胁到我的霸权？不等蟠桃会结束，赶紧驾云回到了云梦泽，号召虾兵蟹将，抗拒上天旨意。

墨水湖

当地土地神迅速上天报告王母知道。王母娘娘调兵遣将团团围住云梦泽，将乌龙大仙杀死，乌龙大仙的血将湖水染得乌黑，所以人称"墨水湖"。

后来各路大仙来到云梦泽，过上了和平安定的生活，湖水也慢慢变得清澈起来。如今墨水湖周边的地名例如黄龙嘴、鲤龟洲、马沧湖，都是从当年黄龙大仙、鲤鱼大仙、螃蟹大仙、白马大仙移居此地的传说而得名的。

墨水湖一角

2. 天神钢钉钉乌龙

墨水湖之名的由来主要有三种说法：一曰湖色浓碧，因富含藻类和微生物，经千百万年不断繁衍死亡而存积湖内，致使湖水墨绿，故名。二曰古代有个秀才住在湖边，每日勤奋著书写字，常到此洗笔（也有说是五代十国时期，昭明太子编写完《昭明文选》后，在湖内洗笔），而把湖水染黑，致湖色墨黑而得名。第三种说法则是一个传说。

远古时期，汉阳五里墩到七里庙一带是一片芦苇蓬蒿丛生的湖沼地，有一条乌龙经常在这里兴风作浪为害百姓，人们决定筑一条长堤困死乌龙。但每当大堤筑到一人多高时，就被乌龙一个翻身扫毁至尽。一天，来了一个白胡子老头，看见众人垂头丧气望着湖荡子发呆，捻着胡须笑吟吟地念到：“白天干，晚上挑，不如钢钉钉龙腰。”接下来，老人和村民一道烧起炉子熔化铁水，七七四十九天，炼成一根三丈三尺长的大钢钉，指挥村民抬到五里墩和七里庙之间往地上一插，青年壮力轮流抡锤朝地下猛砸，忽然，地动山摇，狂风暴雨大作，地底传出凄厉的嚎叫声，不一会儿，只见乌龙挣扎着从碎裂的地皮下露出头来，张开大口喷吐出一股黑血后死去，黑血瞬间在七里庙之外渍起一个黑水沉沉的大湖。原来这位白胡子老头是玉皇大帝派来的天神，帮助人间斩妖除害。后来人们发现这片大湖的湖水黑得可以当墨来写字作画，附近读书人纷纷跑来取湖水当作墨水使用，墨水湖因此而得名。

3. 鲤鱼洲和龙门寺

鲤鱼洲位于墨水湖南岸，面积 2.5 平方千米，包括江堤街的丰收村、渔业村、红卫村一带。鲤鱼洲原名“女儿洲”。相传明末清初时，女儿洲有一王姓秀才中举，大宴宾客。盛宴之间，宾客皆贺王举人“鲤鱼跃龙门”。王举人喜不自禁，连饮三杯，酒兴大发，再次举杯，并乘兴提出：将净土庵更名为“龙门寺”，将女儿洲更名为“鲤鱼洲”。此后，鲤鱼洲一名为村民所惯用，亦泛指周边一带。

后官湖

后官湖位于武汉市三环线与绕城公路之间，管理权限属于蔡甸区，为蔡甸区境内第二大湖泊，湖区山清水秀，风光旖旎，景色十分优美。

后官湖原属蔡甸南湖水系，随着城市化的进程，已成为独立的湖泊。沿湖建有郊野绿道，以“山水相融、田园相映、林城相依、知音文化”为特色，为武汉城市绿道系统中知音湖—索河绿道的重要组成部分。根据武汉市绿道系统建设规划，知音湖—索河绿道作为武汉郊野绿道的示范段，将连接汉阳六湖水网景观工程，从琴台月湖公园绿道引出，沿琴台大道、江城大道、天鹅湖大道向西经后官湖、大茶湖、索河渡口至索河风景区。作为武汉绿道网络中的山水观光型郊野绿道，后官湖郊野绿道环绕湖泊依湖而建，规划总长度 110 千米，占地总面积约 5.3 平方千米，总投资 10 亿元。2013 年 9 月 28 日，“天下畅行，蔡甸知音”环中国国际公路自行车赛武汉中心站在蔡甸郊野绿道举行，来自五大洲的 300 余名职业车手参赛。

后官湖湿地公园为武汉最大的湿地公园。汉阳六湖连通工程将其与龙阳湖、墨水湖、三角湖、南太子湖、北太子湖等湖相连。

1. 吴果老升官渡进京赶考

传说举人吴果老进京赶考，来到盛观渡。其时天色已晚，吴果老举目四望，夜幕笼罩，旷野茫茫，一种孤独与恐惧感涌上心头。既为了给自己壮胆，也为了匆匆赶快地找到一个落脚歇息之处，吴果老双手捧成一个喇叭状，拖长声音使劲地叫道：“过河——过河哟——”

没人答应，只有天边远远地传来几声不甚清晰的回声。

吴果老急了，他声音叫得更大更响，也拖得更长了：“过河——过河哟——”

叫了好半天，才有一个病病怏怏的老头子划着一条木船慢悠悠地驶了过来。

见到渡船，吴果老心里高兴得不行，但他嘴上还是止不住地急埋怨道：“老伯，我都叫了老半天了，你老人家怎么才把船驾过来呀?”

“我……我……吭吭吭……”艄公正要回答，突然“吭吭吭”地咳嗽起来。

“老伯，你怎么啦?是不是冻着了!”吴果老急切地问道。

艄公咳了好半天，喘着粗气告诉他：“唉！这是老毛病了。本来每天夜晚我都要守在渡口的，这两天老毛病一犯，人就爬不起来了。让相公等了这半天，真是对不住。”

见老人拖着病体来摆渡，吴果老心里过意不去，连连地说着感谢的话。

行船途中，吴果老歉意地告诉老人，他要赶去参加三年一度的会试。老人一听，说这事该急，但愿你如期赶考，高官得中，还望你当官之后当个好官，帮我们了却一桩心愿。

吴果老说道：“老伯，什么事你只管说，只要有这个能力，我

后官湖

吴果老一定办到。”

老艄公顿了顿，手指渡口说：“你看这个盛观渡横在南来北往的大路上，多不方便，你要是做了大官，在这渡口修一座桥，岂不是积了一个大德么？”

吴果老听着，深深地点了点头，将艄公的话牢牢地记在了心中。

后果，吴果老在会考中果然高中，做了一个大官。他没有忘记老艄公抱病专程送他过河进京赶考的事情，更没有忘记老艄公对他所说的那一番话，上任后所做的第一件事就是架桥——在盛观渡口架起了一座长长的木桥，为南来北往的行人提供方便。

后人为了纪念吴果老的这一善举，就将盛观渡改成了“升官渡”。

2. 升官渡和候官湖

从前，有一位高士，看中了后官湖盛观渡这块风水宝地，就在湖边搭了一个草棚隐居。

高士看上去与常人没有两样，他在湖边开了一块荒地，种种菜，看看书，或是握着一根钓鱼竿坐在湖边垂钓，一坐就是一整天。

慢慢地，高士就跟当地居民混得很熟，大家也把他跟常人一样对待。

终于，这位高士的行踪被朝廷派出的官员暗查私访到了。原来，这位隐士有着诸葛亮一样的文韬武略。因为当朝皇帝是一个昏君，把整个官场弄得一片腐败，所以他对做官没有多大兴趣。他说：“做官并不是不可以，但我不能伴在一个昏君的身旁为虎作伥。要是明君现世，我自会极力辅助的。”可是，当朝的那个皇帝昏君却硬是看中了他，非封个官给他做不可。没有办法，他只得偷偷地溜出了京城，跑到后官湖这个地方躲了起来。他像个普通百姓一样地生活，谁也不知道他还有这番非同寻常的经历。

昏聩的君王突然病死。亲王继位。这位新皇帝有着非凡的志向。想把国家好好地治理一番，便到处招揽人才，就有人推荐了这位高士。新皇帝对他早有所闻，恨不得马上把他招到自己身边来。于是，他成立了一个专门的机构，限定时日，一定要把这位高人找到。如在规定的时日内找到高人，便给予奖赏；如果超过了时间还没消息，那就要杀他们的头。因此，这些人半点也不敢怠慢，都找得十分卖力。功夫不负苦心人，时间只过去了一半，高士就被他们找到了。

高士听了这些人的述说，觉得新皇帝确想有一番作为，于是，他决定“出山”，走出后官湖，好好地辅佐新主，造福人民。

新皇帝听说高士已被找到，并愿意出来为他效命，高兴得不得了，马上派出一队威武的仪仗，千里迢迢地来到盛观渡口，敲锣打鼓地迎接他进京赴任。盛观渡也因此被人改成了“升官渡”。也有人认为他隐居后官湖的日子，实际上是在等候做官，只不过他不想做昏官，而是想当一清官而已，故后官湖也被称作“候官湖”。

3. 升官渡和过驾岭

从前，古汉阳地势低洼，河汊湖泊密如蛛网，往来交通一般以水路为主，升官渡便是由南进入武汉的一个咽喉要道，升官渡原名盛观渡。1851年，洪秀全领导太平天国在广西金田发动起义。起义成功后，洪秀全率师北伐。太平军势如破竹，清军望风而逃。洪秀全志向远大，不满足于占领一城一池，而是要彻底推翻清朝统治者，建立一个太平盛世。不到两年，太平军便由岳州进入湖北，洪秀全亲率三十万大军，目标直指武昌。

清军在地势险要的盛观渡口赶修了两座土山，派遣精兵把守，以逸待劳。太平军若要攻进武昌，首先非得拔掉盛观渡这个“钉子”不可。一场恶战实在难免。

后官湖郊野绿道

太平军大将胡以晃率领先头部队来到盛观渡，稍事休整，便想借着一路杀来势如破竹的余威，一鼓作气攻下渡口。

这天天刚亮，渡口南岸突然尘土飞扬，喧声震天，一支缠着头巾的部队呐喊着向北冲来。队伍当头，是一面高扬的大旗，上面绣着一个斗大的“胡”字。部队很快就占领了渡口南岸。

善打硬仗的胡以晃看了一下地形，让部队排好阵势，便下令进攻。

顿时，几千名能征善战的太平军官兵一个个不顾一切地跃入水中，蜂拥着奋力游向北岸。

太平军游到河中心，遇上了湍急的漩流，不少人被急流卷走。就在这个节骨眼上，隐蔽在对岸两座土山上的清兵开始居高临下地放箭。一支支毒箭呼啸着射来，那些水性很好，没让急流卷走的士兵又一个个被毒箭射中了头部，慢慢沉入水中。胡以晃怕出现更多的伤亡，赶紧命令部队后撤，停止进攻。

一见太平军撤退，对岸隐蔽的清军全都站在了那两个临时筑成的土山上，得意忘形地大声叫喊：“长毛子，你们休想打过河来，老子要让你们在这里全军覆灭！”还有的嚷道：“要想过河呀？过吧过吧，等河里结了冰再走过来！”当时正是阳春三月，要想河里结冰，那得在南岸等上个大半年才行。太平军听见辱骂的叫声，一个个气得要命，恨不得马上打到对岸，割下那些清军的舌头。胡以晃更是气得咬牙切齿，怒不可遏。他吸取第一次进攻失败的教训，决定避开那两个高高的土堆，在渡口的两侧发起进攻。

胡以晃将部队分成两支，从左右两边同时进攻。

清军观察到太平军的动向后，也将部队分成两支，布置守候在左右两个不同的地方。

第二次进攻开始，勇猛的太平军将士跃入急流，直向对岸进逼。

清军万箭齐发，一个又一个的太平军士兵被射中卷入急流。那些少数到达对岸的，早已是全身水淋，疲惫不堪，很快就被那些守候的清军团团包围杀害。

这场恶战从早晨打到黄昏，太平军发起一轮又一轮的攻击，但都被清军击退，损失相当惨重，形势十分危急。

眼见太平军一时难以取胜，胡以晃审时度势，只得下令暂时停止进攻，在盛观渡南岸安营扎寨。胡以晃召集手下的军师、将领们出谋献策。大家认为，像今天这样硬拼不是办法，只有从长计议，寻求良策，见机行事。

“可是，时间紧迫，听们不能等啊！”胡以晃急躁不安地在军帐里走来走去，“天王率领的大部队马上就要开到，如果我们不能很快拿下盛观渡，清军的援兵一到武昌，我们整个大军的作战部署都要受到影响。”最后决定在当地征集船只，组成一支临时水军，迅速拿下盛观渡。

夜深了，除了防守的哨兵，将士们大多进入了梦乡，可胡以晃怎么也睡不着。他带领部队一路打来，还从没像今天这样窝囊，这样损失惨重。想着走着，他不知不觉就来了河边。低头一瞧，他简直不敢相信自己的眼睛，只见白日里水流湍急的河面，竟结了一层冰块。他又担心冰层太薄，无法行走，就试探着站上去，小心翼翼地往前走了几步。为了证实自己的想法，他又使劲地跺了跺脚，冰层相当厚实，半丝裂缝也没有。胡以晃大喜，高兴得自言自语地说道："真乃天助我也！"于是，他跑着回营，选拔了五百名精壮的士兵，配上利刃，骑上快马，在厚实的冰层上飞驰而过，风一般地踏上对岸，刀削葫芦般地将巡逻的哨兵一个个杀死，然后又闯进了清军大营。

清军一个个全都躲在被窝里头睡大觉，他们在白天打退了太平军的一次又一次进攻，根本没有想到太平军晚上会来偷营。再说，有湍急的河流这道天然的屏障阻隔着，真可谓万无一失，也就高枕无忧了。当太平军从而天降时，他们一个个吓得傻了眼，还没明白是怎么一回事，便糊里糊涂地做了刀下鬼。

太平军就这样很顺利地占领了盛观渡。

第二天中午，天王洪秀全率领大队人马到来，胡以晃带领手下官兵站在盛观渡口，请天王将营寨扎在土山上。

过了渡口，洪秀全站在北岸清军垒的两座土山上，一边观看盛观渡的险要地势，一边听着胡以晃讲夺取这个咽喉要道的战斗经过，情不自禁地竖起大拇指，连连称道："好，好，好！"

为了奖赏有功将士，洪秀全当即下令，给胡以晃手下的五百壮士每人升官一级，盛观渡从此就改名为"升官渡"。扎过洪秀金銮驾的土山就称为"过驾岭"。

新城区湖泊

沉湖

沉湖与王家涉、张家大湖均属于沉湖湿地保护区，位于武汉市蔡甸区消泗乡。其中王家涉东南靠通顺河，北临洪北大堤；张家大湖东临沉湖，南靠罗汉村。沉湖依靠王家涉进出，三个湖泊水体依存度很高，水质相互影响。

沉湖与王家涉、张家大湖属于泛区水系。泛区湖泊众多，1955年汉江杜家台分洪工程建成以后，开始对泛区进行全面治理，泛区湖

沉湖岸边

沉湖湿地保护区

泊面貌发生了较大变化。在分洪道以南只有沉湖、张家大湖和王家涉湖未被围垦成农田，仍为长年积水的湖泊群。

王家涉汛期为洪泛区域，汛期过后荒滩荒地以荒芜为主。这片区域历来是洪道，从仙桃过境的洪水由此进入长江，枯水季节的有水区域叫作“王家涉湖”，汛期时水漫堤边，没有明确湖岸线。张家大湖和沉湖只有一堤之隔，堤上建有水闸与沉湖连通，水位由罗汉泵站、渔樵泵站控制，没有排污口。湖边开办有武汉市蔡甸区张家大湖渔业开发有限公司，主营水产养殖和鱼池开发工程。

沉湖湿地位于长江与汉江交汇处，是江汉平原上最大的一片典型淡水湖泊沼泽湿地，也是国内珍稀水禽越冬种群较多的湿地之一，2000 年被列入《中国湿地保护行动计划》，2004 年被列入《中国湿地保护工程 2005—2010 年规划》。2006 年晋升为省级湿地自然保护区。2007 年 11 月，被国家林业局确定为“全国陆生野生动物疫源疫病监测标准示范站”的三个标准示范站试点单位之一（另两个试点为沿海的上海东滩湿地和高原的青海湖湿地）。

1. 下沉之地名“沉湖”

沉湖古属太白湖。据明嘉靖《汉阳府志》记载：“相传太白（李白）在此泛舟游玩，后人故名‘太白湖’。”此时的沉湖方圆400里，北吞汉水，南引长江，横跨汉沔，气势磅礴，后经冲积，成沼泽平地。

冬日的沉湖

300多年前，此地有一位县官，偶尔间，他发现位于现在沉湖之地的蛇、虫、蚂蚁成群结队往其他地方迁移，连一只鸟、老鼠都看不到。于是他对人们说：“此地会沉塌的，你们看，凡是能爬行的动物都走光了。”他下令叫人们离开此地。待人们刚刚搬出，此地就沉塌了，并且四处渍水汇集在一起，形成了一片汪洋。后来人们就将此地取名为“沉湖”。

2. 打官司赢沉湖

晚清时期，水洪口九岭十八岗的人家全部姓李，并拥有五湖五岸。五湖为银连湖、吴湖、小渣湖、沉湖、洲子湖。五岸即为五湖方圆的草滩和柴山。

李家湖面广阔，土地宽广，湖主李庄主有一个读书识字的女儿，聪颖过人，精通琴棋书画。后来，李庄主将女儿嫁给了高家畈的高家。

女儿来到高家之后，觉得娘家太富婆家太穷，乘回娘家探望父母的机会偷走小渣湖和沉湖的契约，回去交给丈夫。高家立即派人去两湖经营产业，垄断湖区种植、捕捞等各项收益。李家非常生气，一纸诉状告到汉阳府，两亲家反目为仇打起了官司。

高家亮出契约，县官凭证据将两湖判给高家。李庄主恼羞成怒，公堂上责怪女儿不孝。女儿回答："穿衣见父母，脱衣见丈夫，请莫责怪女儿。"父母无可奈何地看着两湖归属了高家。

梁子湖

梁子湖位于武汉市江夏区和湖北省鄂州市境内，东西长 82 千米，南北宽 22 千米，由 316 个湖汊组成，湖面 28000 公顷，流域面积 3260 平方千米，常年平均水深 3 米。湖泊北面有 45 千米长港与长江相通，湖水经长港注入长江。梁子湖以梁子山为界分东西二湖，东梁子湖包括蔡家澥、涂镇湖、前澥、后澥、东湖、西湖等子湖，属鄂州市，湖泊水面 186.74 平方千米；西梁子湖包括牛山湖、宁港、前江大湖、张桥湖、仙人湖、山坡湖、土地堂湖等子湖，属武汉市江夏区，湖泊水面 219.56 平方千米。

梁子湖

梁子湖以三大特色著称：一是“水清”。水体清澈，水质纯净。水的恬静，鱼的嬉戏，草的飘拂，岛的掠影，令人赏心悦目。二是“秀丽”。湖山相接，水天相连，碧波荡漾，交相辉映，让人心旷神怡。三是“奇特”。湖中有岛，岛中有湖，湖心又有岛，岛湖叠嶂，水中含山，山中藏水，蔚为壮观。凌空俯视，梁子湖宛如一颗剔透的绿宝石镶嵌在锦绣的荆楚大地，又似一头青牛静卧江汉旷野，被长港如同牛绳将牛拴在长江之滨。

千顷一碧的梁子湖心，有一片林木葱郁，玲珑剔透的小岛——梁子岛，由于它像一枝亭亭玉立的荷叶浮于水面，所以又名“荷叶洲”。该岛状似鞋形，四面环水，面积 3 平方千米，小巧娟秀，犹如蓬莱仙境，又具有夏威夷的异国风韵。梁子岛有一条繁华的街，纵贯其间，两条恬静的小巷，古香古色，整洁幽静。岛内革命遗址和历史古迹较多，现存的达 20 多处，还有闻名遐迩的 48 座古窑遗址。以梁子岛为龙头的生态旅游度假区，有张家楼房、瓦窑澥遗址、万年台、魁星楼、黄莺嘴、梁子门、仙人洞、绊马石、卧牛望月、扁担洲、石板街、四官殿、高尔夫俱乐部、磨刀矶等景观和娱乐场地。以太和镇清峰公园、吴王古山寨为板块的古遗址和自然景点，有清峰寺、清峰古泉、仙人下棋、童子拜佛、观音坐莲、螺丝吐眼、乌雅扑泉、双狮流涎、乌龟晒甲、铜鼓山、木鱼垴、九狮朝暾、马龙口水库、谢埠金盆垴新石器遗址。以沼山森林公园为主体的人文景观和自然景观，有翠竹山庄、大寺庙、鸡公石、关帝庙、烽火台、朱妃庵、龙凤寺、晒甲山、仙人谷、罗汉崖、笔架山、鄂王台、跑马场、校兵场等。

梁子湖是驰名中外的武昌鱼的故乡。梁子湖特产还有沼山茶油、梁子湖螃蟹、太和千张（产于鄂州市梁子湖畔的太和镇武昌山附近，明清时为朝廷贡品）、沼山银鱼等。

1. 娘子湖与梁子湖

“沉了高塘县，喷起荷叶洲”。这两句歌谣在梁子湖地区不知传了多少代人。“荷叶洲”就是现在的梁子镇。“高塘县”是离梁子不远的一座小县城。

相传在很早很早以前，高塘县有母子二人，家境贫寒，苦度营生，孤儿寡母的，心肠倒也善良。

这一年大暑节的前几天，有一道人来到母子门前要斋饭，一向以慈善为本的寡妇宁可自己缺餐少顿的也要施舍一番，给了道人一顿饱饭，另外还给了一升米。道人感激不尽，临行前对寡妇说了一件了不得的大事："这位大嫂，你们这个地方不久就要沉。"寡妇听了大吃一惊，忙小声问："什么时候？"道人说："县衙门口有一对石狮，狮子口里流血就要沉。"寡妇战战兢兢地说："天哪，怎么办呢？""只要狮子口里一流血，你们扎个排自有好处。"道人说完便走。寡妇心乱如麻，心想"扎排？莫不是天颤地动发大水！"

打这以后，寡妇一连几夜睡不好觉，想将此事告诉街坊，又怕没有事惊动官府，吃罪不起，只好打发儿子一有空便到县衙门口去看那一对石狮子口里是不是流血，天天如此。日子长了，便被县衙斜对面一个屠夫发觉了。一天，他抓住寡妇的儿子说："你天天在这里鬼头鬼脑的，莫非要偷我的肉？"寡妇的儿子只好照直说："屠夫大叔，那讨饭人说了的，这狮子口里流血，高塘县就要沉！"屠夫一听哈哈大笑："哪有这样的怪事，快回去捡你的柴吧。"小孩走后，屠夫心想，待我来开个玩笑。当天晚上，屠夫将杀猪的血手往狮子口里一摸，说也怪，狮子口里血流不止。

第二天一早，寡妇的儿子跑来一看，连忙跑回家将此事告诉母亲。寡妇一听，赶紧拆卸茅屋，扎了一个简单的木排。果然还未过午，日头不见，黑夜降临，狂风大作，电闪雷鸣，真是天颤地动了，只听一声天崩地

梁子湖沿湖步道

梁子湖龙湾

裂，高塘县便成了一片汪洋，据说在同一时辰，不光沉了高塘县，还雷打了瓦窑澥(今江夏区湖泗)，火烧了铁铺村，长了马山。

母子二人在木排上，随水漂呀漂呀，忽然水里漂来一根木头，上面浮着一个小孩，他一面挣扎，一面呼救，眼看就要淹死，寡妇一看，连忙拿竹篙来搭救，“哟，还是男孩呢!”寡妇心想：找到亲人就让他领去，万一他的亲人遭了难，就收养下来，日后好与儿子做个伴，想到这里，就高兴地撑着木排向前走。木排随水漂呀漂的，不知何时才有尽头。一路上，寡妇又救起一只猴子，在一个树梢上救了一窝还未脱黄的喜鹊，漩涡中救了一条蟒蛇。行到回流处，一只碗口大的蜘蛛爬上了木排，好心的寡妇也无心过问，听任它们留在排上，终于漂到一个四面环水的孤洲上住了下来。这以后，四处八路搬来的人也就慢慢地多起来，人们在孤洲上开荒种地，积麻织网，下湖捕鱼，休养生息，一代接一代。后来人们为纪念最先来孤洲上的娘儿俩，便把这个孤洲叫做“娘子洲”，把茫茫无边的数百里大湖，叫做“娘子湖”，以后又把它叫做“梁子岛”、“梁子山”、“梁子湖”了。

关于梁子湖的来历，还有一种传说：一千多年前，这里原为高塘县，因地壳变动，变为一片泽国。地陷前夕，有一母亲孟红玉及儿子刘润湖，发现该处将要地陷的预兆，母子二人就分头火速通知乡亲们撤离，大家刚往山上跑，顿时天昏地暗，飞沙走石，大雨滂沱，山崩地陷，瞬间高塘县城沉没了，变成了一个阔大的湖。躲过此灾难而生还的乡亲们，为了感谢这娘儿俩的报信之恩，这里的人们便将此湖取名“娘子湖”。

2. 牛山与鳊鱼潭

传说高塘县沉入湖底，贫穷母子二人坐在荷叶上，四周一片汪洋，无处逃生，怎么办呢？正在着急的时候，哗啦一声响，从水里钻出一头大水牛，望着娘儿俩说：“我驮你们上岸吧！”落难的母子俩又惊又喜，骑上牛背。水牛背着他们在水里划，半夜三更，一片漆黑，划着划着找不准方向了。儿子突然喊了一声：“看，月亮！”水牛抬头一看，前面一座小山在闪闪发亮。小孩子看花眼，当成月亮。水牛大喜，背着这母子俩人朝着那发光的地方划去。快到对岸时，忽听咕咚一声，娘儿俩从牛背上跌了下来。水牛明白，这对母子从大清早被困在荷叶上飘了很久，直到现在又惊又喜，粒米未进，准是饿昏了。大水牛抬头一望，前方不远处就是“下泄海”。这下泄海底的石板上有一条缝，下面有很多很多鱼。于是，大水牛把母子俩背到那里，大喊一声“鱼来！”只见那些鱼拼命地从石缝里往外钻，一条接着一条，把身子都挤扁了，成了鳊鱼。后来的人们把这鳊鱼叫“武昌鱼”。下通海取名叫“鳊鱼潭”。

娘儿俩吃了鲜嫩的鳊鱼，恢复了元气，就骑着水牛上了岸。乡亲们见母子俩平安回来了，都很高兴。母子俩就把下泄海有鳊鱼的消息告诉了乡亲们，水牛又背着饥饿的百姓到不通海吃鱼，背了一趟又一趟，硬是累死了。牛身横卧在下通海附近的湖水里，化成了现在的“牛山”，当地流传着这样的顺口溜：

沉下高塘山，浮起荷叶洲；
落个月亮山，得头大水牛。

3. 雷劈大牯牛变牛山

传说很久很久以前，牛山湖不是湖，而是万顷良田。每到清明时节，农民们忙着撩秧下种，待到秋收，便是金波荡漾，稻浪翻滚，一片丰收景象，百姓们的日子过得十分甜蜜。

牛山湖

有一年，一个金秋的夜晚，不知从何处跑来一头牛，这畜生膘肥体健，喂得滚圆。趁夜深人静时，鼓起一双灯笼般的眼睛，伸出长长的舌头，将满垅满畈的稻谷一口口吞进肚里，不大一会儿工夫，这万顷稻谷被它偷吃个精光。大牯牛吃饱喝足后，正摇动尾巴，洋洋得意时，突然间狂风大作，电闪雷鸣，下起瓢泼大雨来。牯牛惊呆了，它自知理亏，正准备逃走，一声劈雷，牯牛毙命倒下。清晨阳光洒在稻田里，人们发现金黄的稻谷没了，见到的却是一座石山，形态像一头大牯牛躺在那里，一动不动。因此，后人就给这座山取名牛山，如今的牛山村、牛山湖也因此而得名。

4. 南咀与北咀

南咀与北咀，分别位于梁子湖的南面和北面。传说这两咀原先是一块草地，因高塘县地陷成湖后分为两块。一天，王母侍女感到天庭寂寞，私自下凡与人间后生偷订终生，并身怀有孕，王母得知后大发雷霆，命天兵天将将侍女捉拿天庭。后生不知妻子去向，长期茶饭不思，死于南边草地，飞沙走石将尸体掩埋形成一座山，初叫“郎山”，后讹传为“南山”，即现在的南咀。侍女因私下凡间，被王母打入北边草地中，双脚夹在地下，生出一扁体婴儿后去世。王母命天兵将其掩埋，后变成了一座山，即现在的北咀。侍女所生的扁体婴儿一出生就无依无靠，被观音菩萨发现，将其变为鱼类，投入湖中，成了鳊鱼，也就是现在美名远扬的“武昌鱼”，即“鳊鱼”。据说鳊鱼之所以美味可口，是因为其母在地下长期溢出的乳汁将其哺养，故而鳊鱼才体肥肉嫩，味道奇佳。

5. 关公发怒扁担洲

梁子湖中有一个叫“青山岛”的小岛，不远处有一条沙洲，长约一里、宽十余丈，洲上百鸟欢唱，杂草丛生，登高远眺，形状就像一条扁担浮在水面。洲前一座小石山像猪头，后面一长石头像鲤鱼。

传说很久以前，大屋陈的何头嘴有一座山叫金凤山，山上有一座“金凤寺”，寺内供有关公，香烟缭绕，祭品成堆，求神拜佛的络绎不绝。百姓家家安康，人兴财旺，年年风调雨顺，天下太平，生活越过越好。可是自从鄂州的梁子镇修了一座“娘子庙”后，何头嘴一带便连年闹灾荒，日子一天不如一天。

有一年，正是水稻抽穗扬花之时，却遇百日大旱，稻田龟裂，旱地生烟，百姓盼雨，望穿了眼。可梁子湖一带却雨水成灾。一天，梁子湖又下起了瓢泼大雨，这时娘子菩萨觉察到了，抽出宝剑，砍伤了关公的大腿，从这以后，关公神像的腿上便有了一道裂痕。娘子菩萨砍了关公一刀，内心有愧，但亲自到金凤寺给关公赔礼道歉。她肩挑猪头、鲤鱼，披红搭彩，朝寺中走来。关公见了，勃然大怒，挥起大刀便砍，砍断了扁担，鲤鱼和猪头掉落在地，滚在湖里变成了沙洲和石山。

6. 皇娘与天子

梁子湖西部有座山，叫“灵山”。灵山有一洞，名“灵山洞”。

洞有两层，上层为楼，楼通山顶，内有石桌、石椅、石筷、石酒杯，宛如仙人餐具；下层为巷道，里面的钟乳石千奇百态，如天工巧铸。

梁子湖风景区

相传古时候，灵山长着满山的毛竹，有个修仙成佛的尼姑住在洞里。不料，这尼姑受了天孕，怀孕怀了三年之久，胎里像裹着块磐石，如有千斤之重，憋得她日夜疼痛。有天夜里，尼姑做了个梦，梦见一个神仙，神仙告诉她，某日某时，有个手执白毛长鞭，骑一匹大白马的阴阳人要经过此地，此时她连呼三声“皇儿出来”，所生的胎儿就贵为天子，灵山的每一根毛竹就变成一个个兵将来保护他，尼姑便成了皇娘。不过，在此期间，她不能吃喝半口，不能喊叫半声，须静心坐等，否则就会发生一场灾祸。

熬到此日，不巧，却有个手执牛皮鞭的庄稼人，骑着一头白牛路过灵山脚下。尼姑疼痛难忍，错看白牛为白马，连忙呼三声“皇儿快出来”。话音刚落，只见天空突然发黑，一声劈雷把满山的毛竹炸得血流成河，染红了整个灵山。等到那个手拿长鞭、身骑一匹大马的阴阳人赶到，尼姑已生下一具白娃死尸。阴阳人翻身下马，摸得这白娃的胸口还有热气，便叫尼姑掘墓葬尸。此墓葬在梁子湖北咀的毛竹山处。北咀是天王的一仙女的化石。叫她满三年后将尸掘出，掘墓时连喊三声“皇儿醒来”，这样，他就会复活成天子。并叫她在这三年中，不得喝半口水，哭喊半声。否则天子又会死去，要五百年后才能再投胎出世。

到了三年差三日那天，尼姑盼子心切，心疼难忍，就出洞到毛竹山里，将尸从墓中掘出，刚掘开墓时，只见一阵白雾从墓中腾起，尸的一只脚已跨在一匹白马上，只差一只脚没抬起上马。尼姑见此一声惊叫，便气死倒进了墓里。

7. 降仙桥压死湖霸

山坡乡柯雷村靠近梁子湖，是个码头。相传很久以前，梁子湖有一个湖霸，专门在湖上拐骗、贩卖妇女，群众恨之入骨。一天，柯雷村有个叫小妹的年轻妇女在湖边洗衣服，湖霸看见少妇美貌，便划着船来到湖边：“湖心的水又清又净，上船到那边去洗吧。”小妹是个外乡人，嫁过来不久，就被湖霸甜言蜜语骗上了船。天黑了，小妹被湖霸锁在后院的小房里。后来被湖霸的佣人发现了，他帮助小妹连夜逃出了虎口。小妹跑呀咆，逃到了湖汊，看见了柯雷村的灯光，可是被一条湖汊子拦住了。小妹见有灯笼火把追来，急得嚎啕大哭。忽然，一阵狂风把灯笼火把吹灭了，说也奇怪，一阵湖水翻滚，从空中落下来一块巨石，把湖霸压死在湖底，那巨石化作一座拱桥，小妹终于回到柯雷村和亲人相会。

后来柯雷村有个老秀才倡议在湖汊修一座拱桥，在拱桥落成之日，他亲笔书写了“降仙桥”三字。

8. 风雨晃动是浮山

湖泗桥的“浮山”，古时是活的，每逢起雾、下雨，山头便晃动。古时它是梁子湖岔的一座山，人们便叫它“浮山”。相传从前，山上山下住着三家人，山上住着一家神仙，山下住一户姓查的财主和一户姓但的穷人。这姓但的穷人叫家勤，母子两个，全靠上山砍柴谋生。一天，家勤正在山中砍柴，突然烟雾缭绕，狂风大作，下起了暴雨。顿时，浮山山顶云蒸霞蔚，若隐若现地晃动起来。家勤大吃一惊，急忙挑柴下山，不料刚走到山脚，一位美貌姑娘走拢来娇笑道：“这位大哥，下这么大雨，何不落屋躲一下？”家勤心想：在这深山野地，怎么好给女人答腔呢？便毫不理睬地走了。说也奇怪，下山本是走熟的小路，不知什么鬼窍，七拐八弯，弯上了一条大路，弯出一座金碧辉煌的屋宇来。那位美貌姑娘喊道：“这位大哥，把柴挑进来吧，我买了，要金子给金子，要

梁子岛

银子给银子，要是没有媳妇，要我也可以。”

家勤一听，吓得心直怦，把担柴往屋里一甩，说道：“我不要金，不要人，只换两升米，娘俩混日生。”

美貌姑娘见他为人勤劳本分，便撮了一升白米，撮了一升玉芦给他，你说奇不奇，一升米变成了银子，一升玉芦变成了金子。娘问了根由，说不能要。家勤说了声“奇怪”，就背起金银去还人家。这时，那位姑娘又出现在门口了，忙说：“大哥，你不用上山去了，我们是一家人。看在你善良勤劳的分上，我父亲将我许配给你了。”

“大姐，你住在哪里，叫什么名字？”娘笑眯眯地问她。

“就住在这浮山上，叫‘浮山仙子’。我父亲是一位仙人，他看到世事不公平，姓查的吃喝玩乐，有钱有势，有老婆，你但大哥勤扒苦做，没吃没穿，没有媳妇，父亲就叫我来配大哥的。”

“真是活神仙下凡了，我儿子不配。”娘说。

“三日风来四日雨，不砍柴来没米煮，美貌的仙子，你去配仙人吧。”家勤这么说。“三日风，你去挑金子，四日雨，你去挑银子。逢到刮风下雨，浮山晃动，那就是我父亲在打开南大门，只要是勤劳善良的人，你求什么就把什么。”美貌的仙子说。男人的心肠是硬的，女人的心肠是软的。家勤想跑，跑不了，想走，走不脱。美貌的仙子白天跟着砍柴，晚上跟着睡觉，就这样慢慢缠得成双成对了。一日三，三日九，家终于勤劳致富了。姓查的财主见家勤接了美人，盖了新屋，眼红了，嘴馋了。便找家勤打听财路。家勤是个老实人，便一五一十地说了。查财主刮风下雨时也装穷叫苦上山砍柴换金银，可是倒进去的金子、银子，挑上肩的却是石头和沙子，查财主越挑越重，不久便压死了。从此以后，浮山一不浮二不动了。

9. 珍珠翡翠白玉汤

元朝末年，少年时的朱元璋和铁哥们徐达、汤和，逃荒来到江夏一带。有一天，三个饥肠辘辘的小家伙已经饿了一天多没吃东西了，在接近黄昏的时候突然看到远方的湖畔冒出了袅袅炊烟，当走近时，才发现在一个搭在湖边的茅草棚，一个面目慈祥，留有胡须的老爷爷和他的孙女正在织补渔网。

走在前面，口齿一向伶俐的朱元璋打躬作揖道：“老大爷，我们几个是从安徽凤阳一路沿江乞讨而来的，因家里遭受旱灾和蝗灾，无奈只得出来逃荒，现在已经饿得走不动了，想讨一点吃的，打扰了。”

龙泉山婆婆树

正在收拾网具的小姑娘看了朱元璋一眼，“卟”的一声掩嘴而笑，原来朱元璋长得上额突出，下巴朝前而口眼鼻却内凹，面相虽然丑陋，但却懂得礼节。老人家看了几个小孩一眼，觉得怪可怜的，就吩咐说："丫头，把中午留下来的剩饭和鲫鱼汤，再添些萝卜丁和白菜叶煮一下给几个小哥哥填填肚子吧！"

小姑娘"嗯"了一声，麻利地走进了草棚，不一会儿的功夫就端了出来。当他们一人一大海碗吃得津津有味时，朱元璋禁不住问道："小妹妹，我们这吃的是什么呀，味道这么好？"小姑娘抿嘴一笑，随口说道："这叫珍珠翡翠白玉汤。"当朱元璋后来做了大明王朝的开国皇帝后，突然一天心血来潮，想起了当年珍珠翡翠白玉汤的美味，就吩咐内务总管去安排。可当宫中的御厨仿造当时的做法进行烹饪时，尽管精工细作，可惜无论如何，皇上再也吃不出当初的味道来了。

后来在老大爷的引见下，朱元璋和徐达、汤和就在岭上肖家咀的地主肖德才家放牛，没有工钱，只混口饭吃而已。

此时的江夏一带，由于连年战乱，尽管土地肥沃，但却人烟稀少，肖家咀是在本地不多见的一个宜渔宜农的村落，烟波浩淼的梁子湖是肖家咀的天然粮仓，在肖家咀西南边的垅田下，有一个千余亩的湖汊，多少年来，一直没有一个统一的叫法，本地人通常叫"湖汊"，外地人有的叫"肖家汊"，因为岭上就是肖家咀，也有的叫"上水汊"，那是因为每年的汛期有许多鱼从汊口上水。

朱元璋从小就聪明伶俐，智慧过人，总觉得这个汊那个汊，叫着拗口，何不起个通顺上口的地名呢？

该湖汊靠近肖家咀有一片很大的荒草地，朱元璋他们不仅放牛，还放猪、放羊。涨水时节，湖汊连着梁子湖一片汪洋像海一样，就叫“猪羊海”吧，先是小孩子过家家似的叫，渐渐地被村里大人们接受，久而久之，习惯成了自然，猪羊海就这样叫开了。

后来，朱元璋当上了大明王朝的洪武皇帝，人们就将过去的“猪羊海”改成了现在的“朱洋海”。

10. 朱元璋湖边放牛

江夏龙泉有座“牛头山”，莲台洲有个棒杵山，叫“牛尾山”。这牛头牛尾的当中是“牛山湖”。相传，明朝开国皇帝朱元璋小时候曾在此当过放牛伢。朱元璋是安徽凤阳府人氏，早年死了父亲，年年灾荒，逼得他们孤儿寡母四处乞讨。朱元璋长成一个少年时，正碰上天下大乱，四处兵荒马乱。他把母亲送回凤阳，自己跑到庙里当起打扫庙宇的小和尚。庙里没有吃的，他就四处化缘。化缘到湖北江夏后，因为没有盘缠（路费），他就在灵泉山下一户姓沈的大财主家放牛。这沈财主不光是姓沈，他省吃、省穿、省

朱元璋

油、省盐，是个百事都省得出奇的人。朱元璋是个聪明能干的人，吃得，做得。可是，每天的牛放得饱饱的，人的肚却饿得瘪瘪的。每顿只准连稀带干吃个半碗，多添一点就得挨骂，放牛伢还要打猪草，事情做得越多越好，少做一点就要挨打。小元璋对这种受苦受难的生活非常气愤。他心想：“财主是人，我们就不是人？你让我挨打挨饿，我就非叫你吃点苦头，让你记得我这个穷放牛的！”

一天，小元璋在灵泉山坳里放牛。他向小伙伴们说：“我们来演戏吧，我当皇帝，你们当文武将相。”

“吹牛！”小伙伴们说：“你当不了皇帝，我们也当不到将相。”

“吹牛？”朱元璋迈着皇帝老子的步子，大摇大摆的说：“这个地方才好呢！四周的山像城墙，我将来做了皇帝，一定把山下的街改成金銮宝殿。”

小伙伴们说着，笑着，玩着。一个个都叫饿了。小元璋说：“饿了回去也吃不饱，把我放的这条牛杀掉吃了吧！”小伙伴们一听，一个个吓得瞪眼睛伸舌头。朱元璋说到做到，他用砍柴火的刀连连几刀把牛杀了，从灵泉寺里偷来了锅、勺、瓢、碗，在山谷里把牛肉烤着、煨着，小伙伴们美美地饱餐了一顿。多余的牛肉藏进灵泉洞，准备下回再来吃。吃是吃了，没有牛牵回去怎么向沈财主交账呢？小元璋一想，便和小伙伴们讲了一个妙法子：大伙把牛头埋在湖中的沙滩上，露出一部分牛头，牛角，又把一条牛尾巴插在湖中的鸡头苞上。一切安排停当，小元璋才气喘吁吁地跑回去告诉沈财主。说是牛作犟，跑下湖去了。这沈财主别说是下湖，就是下了田地也不敢打赤脚的。他急忙同小元璋赶到湖边一看，顿时吓呆了！这牛不但真的下了湖，牛头还把一个小沙洲顶穿了哩。小元璋连声唤着“哞哞”，一唤千声应，这牛真的“哞哞”地回叫起来。沈财主连连摆头道：“真是奇事，怪哉，怪哉！”

“不怪，”小元璋说：“这是你沈老福气大，养的是一条神牛，我们凡人把它没得法，只有你福气大的人下水才拉得起来。”

几句奉承话把沈财主说得眉开眼笑。他急忙脱下鞋子下湖，可是牛尾巴都没有挨到，沈财主就掉进湖里淹死了。后来，朱元璋真的做了皇帝。灵泉山虽然不是座位的金銮宝殿，还是成了阴殿“明陵区”。那个牛头变成了“牛头山”，牛尾巴就变成了“莲花洲”。

汤逊湖

汤逊湖位于武汉市江夏区、洪山区和东湖新技术开发区之间，原名“汤孙湖”。以江夏大道为界，汤逊湖分为东侧的内汤逊湖和西侧的外汤逊湖两部分，两者之间有涵洞相通。其中外汤逊湖面积约占 2/3，内汤逊湖面积约占 1/3。江夏区拥有湖面 70%，包括纸坊、藏龙岛、栗庙岛的全部和五里界、大桥的部分范围。东湖新技术开发区和洪山区拥有湖面均在15%左右。

三国时期，汤逊湖和樊川、梁子湖、金水河间的内河水系，是东吴的政治中心、军事重镇夏口城（在今武昌城内）和武昌（今鄂州）两城的天然水道纽带，十分有利于东吴水军的水上军事活动。宋、明时期，汤逊湖北与长江相通，南经宁港古航道与梁子湖相通，构成两条重要的商业运输航道。清末，筑武金堤，建武泰闸，基本截断汤逊湖经巡司河通长江的航道。特别是粤汉铁路（沿汤逊湖西岸经过）、武纸（武昌至纸坊）公路等日益发展的陆路交通替代了湖区帆船运输。

20世纪50年代以后，渔、农兼顾，汤逊湖水面急剧缩减。据1991年版《武汉市志·农业志》记载，汤逊湖水面1957年为8000.4公顷，1982年实测面积6373.66公顷，25年间缩小1600多公顷。

新中国成立以后，考古工作者在湖周围发现明代官置砖窑30余座。2000年7月5日，武汉市考古研究所和武汉市江夏区文管所考古发掘位于江夏区庙山村西潭湾的“西潭古墓群”的6座古墓葬、“西潭古官砖窑址群”的3座古窑址，首次发现武汉地区东汉末至六朝时期大中型砖室墓和明代官置砖窑。根据考古发掘，断定汤逊湖周

汤逊湖

围是明代一个大型的官置砖窑制作场所。当年，在汤逊湖水位较高时，水路运输直达武昌城脚和龙泉山楚王墓群，砖窑出产的砖做武昌筑城与龙泉山修筑陵园之用。

改革开放以来，汤逊湖地区依托东湖新技术开发区，建设江夏经济开发区（庙山小区）、汤逊湖大学科技产业园等开发园区，以及玉龙岛花园、汤逊湖度假村等众多别墅、住宅小区、度假村。同时，扩建龙泉山风景区，建设藏龙岛国家湿地公园，开发旅游资源，发展游乐项目。湖区交通路网纵横交错，四通八达：三环线自西向东，沿着湖泊北岸而行；民族大道、江夏大道、阳光大道、文化大道、藏龙大道、杨桥大道等公路穿湖而过。

千年之后，昔日黄金水道、明王陵寝、群窑场地的自然大湖，变身为现代科技产业、高等教育、休闲度假、宜居建筑集于一身的城中之湖。

1. 大庙山与小庙山

江夏庙山有一大一小两座山，原名双庙山。大庙山在汤逊湖以南，今梅南山和澳门山庄一带；小庙山在汤逊湖以北，今东林外庐一带。相传很久很久以前，汤逊湖浩瀚无边，下有一暗河与东海连通。东海的一只乌龟精在龙宫里待久了，觉得无聊，就偷偷地溜出龙宫，沿着暗河来到汤逊湖。

乌龟精在汤逊湖里称王称霸，随意呼风唤雨，兴风作浪，给百

龙泉山明楚王墓

姓的生命财产造成很大损失。当地的农民和渔民只好求助玉皇大帝。玉皇大帝马上召来二郎神杨戬，对他说："汤逊湖里乌龟精作怪，扰得民不聊生。现在派你背一座山去，将汤逊湖填平，把乌龟精压在山下，让他永世不得翻身。"二郎神随即背了一座山朝汤逊湖赶来。

二郎神背着大山，没吃没喝，走了七七四十九天，又累又饿。快到汤逊湖边时，一粒石子被带进了靴子里，脚板硌得钻心痛，一个趔趄，摔倒在地。他背的那座大山，也给摔成了两半，一半掉进了汤逊湖里，将汤逊湖填起了一部分；另一半落在身边，形成了东林外庐一带的小山包。

汤逊湖只填了一部分，没有镇住乌龟精，二郎神只好跳入湖中，与乌龟精恶战一场，降服了乌龟精，与它约法三章，今后不准再危害百姓。乌龟精迫于二郎神的威势，当场答应了。

二郎神走后不久，乌龟精劣性复发，继续在湖中作祟。为了永远镇住乌龟精，当地农民和渔民就在临湖的那座山上建起一座真君庙，供奉二郎真君神像。有了二郎神的元神镇守，乌龟精再也不敢轻举妄动，每日蛰伏在湖底。久而久之，就变成了湖心的一座小岛。

现在，每年冬天枯水时节，湖心隐约还可以看到露出水面的龟背。

真君庙香火繁盛，渐渐吸引了云游的和尚和尼姑在此聚集。和尚在庙里主持，尼姑则在离此不远的地方建起一座庵堂，取名“普庵堂”，寓意为普度众生的庵堂。庙的名气越来越大，人们就将这座山命名为“大庙山”，将东林外庐一带的小山称为“小庙山”，统称“庙山”。靠近纸坊的那一片，则称为“普庵堂”。

2. 天龙藏身藏龙岛

相传很久很久以前，汤逊湖的水面比现在大得多，藏龙岛只是湖中的一个无名小岛。岛上住着百十来户人家，靠打渔为生。

藏龙岛国家湿地公园

相传天上有条天龙，管着汤逊湖的水，涨水时节就把湖水大口大口地往长江里抽，枯水时节就把江水大口大口地往湖里灌。湖里的鱼长得又大又肥，小岛总是淹没不了。岛上的百姓天天给天龙烧香磕头，赞颂它的功德。天上的一些神仙嫉妒天龙，就到玉皇大帝那里告状。玉皇大帝降罪，把天龙变成一截木头，丢在

汤逊湖一角

汤逊湖水里浸泡。

有一天，岛上有一对夫妻下湖打渔，仅捞起一截木头，一条鱼也打不上来。夫妻俩很焦急，把木头甩得远远的，但只要一下网，打起来的还是那截木头，直到天黑仍是如此。夫妻俩只好划船回家。谁知那截木头紧跟在渔船后面，还不时撞击船尾，还隐隐听到救命的声音。夫妻俩吓得拼命向湖岸划，甩桨就向“知命”先生请教。“知命”先生掐指计算半天后，突然大叫一声：“大事不好，天龙被害了！那截木头就是天龙的前身，要是不搭救它，过九九八十一天，木头烂了，天龙就会沉到湖底，汤逊湖就会发大水，小岛也会淹。”一个胆子大的人喊起来：“‘知命’先生，快想个法子救天龙呀！”“知命”先生说：“有法子！我们赶快挖个龙潭，把天龙藏在潭底，养七七四十九天，天龙就能还原真身了！”全岛百姓二话没说，不分白天黑夜地挖，挖了三七二十一天，潭挖成了，把天龙藏在潭里养着。

过了一些时日，天兵天将到汤逊湖察看，发现木头不见了，就跑到岛上来找，岛上的大人、小孩谁都不说。天兵天将没有办法，只好回归天庭复命。

到了七七四十九天，天龙还原了真身，还跟原来一样，涨水时节就把湖水大口大口地往长江里抽，枯水季节就把江水大口大口地往湖里灌，岛上百姓的日子越过越红火。

为了纪念天龙，人们就把这个无名小岛起名为“藏龙岛”。岛上原修有天龙庙，新中国成立后拆除。

3. 望凤台与凤凰山

相传很久以前，江夏油坊岭（今流芳岭）住着一个穷家小户，家里只有孤儿寡母两个人，娘是个瞎子，姑娘才十六岁，叫“凤伢”。凤伢柳眉、凤眼、细腰，长得蛮好看，又能干，纺纱织布，纳鞋绣花，样样都行。四里八乡的许多人到凤伢家里提亲，凤伢就是不答应。

原来汤逊湖边有个渔民小伙子名叫“龙伢”，因为长得又瘦又长，乡里人都叫他“长龙”。长龙打渔摸虾，一天到晚风里来浪里走，非常勤快。有一次，长龙到油坊岭卖鱼，遇到凤伢在摊前转来转去，好像有为难的事。长龙的心肠蛮好，就问凤伢有么事？原来是凤伢的姆妈得了病，想喝一点鱼汤，凤伢想买鱼，钱又不够。长龙二话不说，挑了两条大鱼硬是塞到了凤伢手里。后来，长龙时不时

汤逊湖大桥

到凤伢屋里帮忙做事，两个年轻人暗地里订了终身。

牛山湖边有个财主的孩子也叫“龙伢”，这个龙伢好吃懒做，一天到晚游手好闲，长得又矮又胖，乡里人叫他“矮龙”。有一天，矮龙七逛八逛到了油坊岭，看到凤伢长得好看，就起了坏心，对凤伢动手动脚，凤伢死活不依，还一梳子把矮龙的头打了一个大包。矮龙要斗狠，乡亲都出来撑腰，矮龙见人多势众，退了回去。第二天五更，矮龙仗着有钱有势，派了八十一个家丁到油坊岭抢亲，硬是把凤伢抢到牛山湖摁倒在地拜了堂。

凤伢不吃不喝，一天到晚眼泪不干。从矮龙摁倒凤伢拜堂的那天起，只要天一黑，凤伢就“死”在床上了，喊也喊不应，推也推不醒。原来是凤伢的魂坐到她的梳子上，一下就飞到了汤逊湖边，天天跟汤逊湖的长龙会面去了。矮龙气得把凤伢捆在床上，用石磙把她堵在井里，还是不行。天一黑，凤伢还是飞到了汤逊湖边，跟她心上人长龙会面。一天，凤伢坐的梳子刚刚飞起来，矮龙吸起牛山湖里的水，喷成了一条天河。凤伢累得筋疲力尽，飞不过去，从天上掉了下来，摔死在地。凤伢怀里抱着的梳子，慢慢地变成了一座山，这就是现在的凤凰山。

长龙见凤伢没来，还是天天到汤逊湖边来等凤伢。长龙踮起脚来望，望也望不到凤伢，就跑到汤逊湖摸了一些蚌壳螺蛳把脚垫高些望。天长日久，汤逊湖边就堆起了一个高台，村里人为它起名为望凤台。这个望凤台就是现在的凤凰台。据说望凤台上至今还有长龙的两个深深的脚板印。

4. 熊廷弼守诺修桥

熊廷弼（公元 1569—1625 年），明末将领，字飞白，号芝冈，湖广江夏人。万历年间进士。传说熊廷弼赴京赶考，从汤逊湖的龙家嘴路过。他要渡汤逊湖，左看右看，好不容易才看见一条渡船划了过来。那摆渡的老头姓赢，是当地的大姓人家，他见熊廷弼只有一人，嫌不划算，不肯开船。

熊廷弼急于赶路，再三要求赢老头摆渡，可他只是摆头作答。

熊廷弼急得跺脚，发誓道："你不摆渡，我若考上状元，定要在这里修座桥，让你赚不了亏心钱！"

赢老头听了不以为然，哈哈大笑起来。

熊廷弼烦躁地问了一句："有什么好笑的？"

"这个，"赢老头瞟了他一眼道，"口气不小！你如果真能在这里修桥，我们赢家所有的船只，都来运载石头，保证不收分文。"

"老人家，"熊廷弼不禁也笑了，说道，"你说话算数？"

"你还不放心？"赢老头一本正经地说，"我还作个保证，你若修桥，我便改姓赢为输。"

熊廷弼弯道过了湖，临走时信心十足地对老头说：

"老人家，您就等着吧！"

后来熊廷弼中了状元，言而有信，不食与赢老头在龙家嘴之言，经过多方奔走策划，在渡口筑成宽敞结实的石桥，方便了行人。赢老头也没食言，集中了赢家所有的大小船只，为筑桥运载石头。另外还围着湖嘴修了一道长堤。赢老头可不简单，他以长者的身份四下活动，果真将龙家嘴附近姓赢的人改了姓，不过不是输赢的输，而是舒服的舒。熊廷弼修的那座石桥，至今仍保持原状。如今，武汉市江夏区大桥新区，仍以熊廷弼修筑的石桥命名。

杜公湖

杜公湖位于武汉市东西湖区柏泉镇以东、府河西南面，在柏泉农场境内半李湾东南 2.2 千米处，西距武汉焰火器材厂 400 米。

据 1991 年版《武汉市志·农业志》记载，1985 年杜公湖面积有 600 亩。现状面积为 1.38 平方千米，容积 270 万立方米。2002 年杜公湖边实施了 0.53 平方千米鱼池退湖工程，扩大了水体面积。

杜公湖具有悠久的变迁历史和丰富的文化内涵。湖区的柏泉古镇文物古迹众多，辛亥革命武昌起义重要领导人孙武、自称“创造了汉口”的工商业者刘歆生及晚清湖北省咨议局议员、《夏口县志》审稿密昌墀皆出生于此。

杜公湖所在的柏泉镇（含牧业园组团）位于北纬 30°35′—30°47′之间，号称武汉西北郊第一镇。京珠高速公路、武汉市外环路相互交汇，在柏泉形成一座互通出口，柏泉镇距汉渝铁路和舵落口铁路货物编组站 8 千米，距天河国际机场不足 5 千米，到上海、成都、广州、北京都只有 8 小时路程，构成水、陆、空三层阶梯交通网，十分便利。

建设中的杜公湖湿地公园是柏泉旅游区的重要组成部分。

1. 禹王植柏名柏泉

相传大禹治水，降龟蛇二妖于长江之畔，龟蛇化为山石，禹王遂植柏于龟山之巅。唐末金台寺僧见树根于井底，状若双鲤，疑而叩之。经日忽闻龟山禹柏一株枝摇叶落，方知此泉下柏根乃禹王所植，遂名此泉为“柏泉”。明永乐诗人赵弼诗赞：“影沁空霄玉鉴光，苔封石瓷色苍苍。汲来数仞清泉水，犹带高林柏子香。”

2. 泉水浇开并蒂莲

很久很久以前，柏泉一带山峦起伏，丘陵连绵，到处茂林修竹，终年云雾缭绕。山脚下有一个村庄，住着十几户人家，村民勤劳善良，靠渔猎为生。村里有一户人家，只有母子两人，日子过得紧紧巴巴。由于山地瘠薄，儿子虽然到了婚配年龄，却没见有女子上门，还是一个单身汉。

这一年，母亲患病，想喝点莲藕煨汤。因此地不出产莲藕，儿子为此非常犯愁。一天晚上，进入梦乡，梦见一位慈祥的老奶奶对他说，离此处西南方不远处有一个莲花湖，那里荷花盛开，莲藕满湖，你何不去一趟，挖些莲藕，采上三颗莲籽一起带来，莲藕用来煨汤，莲籽种在村前水塘里，这样一来，既孝顺了母亲，又可以让村民世代吃到莲藕了。但是必须注意，莲籽入土后，每天三更，要到三里外的柏泉井挑回三担水灌溉莲塘，连续灌溉三百三十三天，好让莲籽在塘里生根、长藕、开花、结果。

第二天，儿子向母亲禀告了情况，带上干粮启程向西南方向走去。一路上，清风拂拂，小鸟啁啾，湖波涟漪，真是别有一个新天地。他一边走，一边编织未来的美好生活，仿佛看到了村前小塘里荷叶接天，荷花出水，阵阵清香扑鼻；又仿佛看到了村边场地上白藕如玉，村民们正提着满篮莲藕往家里走去；忽然，他又闻到了莲藕煨汤的香喷喷的味道，母亲正在桌子边品尝着莲藕汤。

经过一路风尘，儿子终于找到莲花湖，带回了莲籽和莲藕，连夜煨好莲藕肉汤，母亲吃了，病也好了。于是又把莲籽撒种在村前的水塘里，颗颗莲籽，寄托着儿子对乡亲们的爱。

柏泉天主教堂

随后，他每天半夜起床，到三里远的柏泉井，挑回三担泉水，倒在土塘里灌溉莲籽。小伙子挑啊，挑啊，土塘里盛满了清清的泉水，种下的莲籽也发了芽，吐了叶，很快铺满了小土塘。母亲见儿子每天打柴、喂猪，又要半夜三更起来挑水，实在太辛苦了，就劝儿子每晚少挑一担水，多挑几天也行。儿子却说："姆妈，我不累，这九百九十九担泉水不按时挑完，我死也不歇肩。"

杜公湖大桥

小土塘开满了红艳艳的莲花。母亲见儿子瘦多了，心疼地说："这三百三十三天满了，那九百九十九担泉水也挑完了吧，你快放下桶，好好让姆妈看看。"

儿子说："姆妈，还差一担呢，等我挑完了这最后一担水，再歇吧！"

当儿子把最后一担水倒进小土塘里，蓦地从荷花丛中钻出一个美丽的姑娘，双手捧着一支鲜艳的并蒂莲花，笑吟吟地走上岸来，先向她道个万福，笑着说："姆妈，您好，请受儿媳一拜。"接着把手里的并蒂莲花恭恭敬敬地交给了老人。

成婚那天，山里有个穷秀才还为他们送来了贺喜的对联：

孝顺动天地，仙女装点人间美

勤劳改山川，泉水浇开并蒂莲

小伙子不仅移植了莲藕，而且缔结了良缘，在家乡撒下了幸福的种子，美化了家园。从此，并蒂莲的故事在柏泉一带传开，流传至今。

3. 杜港湖和杜家湖

杜公湖原是柏泉地区村民赖以生存的大湖，水域面积 2000 余亩，水流经东流港和径河汇集到府河然后注入长江，湖水纯净，出产富饶。相传府河对岸黄花涝村有一个王姓财主，挖空心思想让这一片地方归他所有，于是等到湖区泛水季节，天水茫茫无边无垠的时候，派人荡舟插标，水退后插标范围内的地域都归插标者所有，就这样这个湖连同周边湖区都归了王财主。

王财主小女儿聪明伶俐，被父母视为掌上明珠，许配给了柏泉邬家墩富户杜家公子。婚期临近，家里为小女儿备了厚奁，小女儿闷闷不乐。

王财主问："你还想要点什么？尽管开口，爹一定答应你。"女儿犹豫再三说："别的东西都不要，想要那个杜港湖。"父亲一时愣住，自己费尽心机好不容易才弄到手的产业怎么舍得送给外姓人？但是有言在先，而且爱女心切只得忍痛割爱。于是，杜港湖被王家小女儿带去了婆家。

之后，杜港湖改名"杜家湖"，成了杜家的湖。

4. 古寺、古井、松柏与木鱼

相传，在狮子山一带有一百多个泉眼，而叫做“百泉”，泉眼涓涓泉涌叮咚，汩汩溢出地面，流到狮子山低洼之处积聚，经年累月汇成了一个形似半月的水塘。于是旁边的村民们便把它叫做“月塘”，这个村也因此而得名为“月塘湾”。唐末一个云游高僧路经此地，偶见这里山清水秀，鸟语花香，人民勤劳善良淳朴，好一个佛门佳境。于是高僧便不辞辛劳，四方求助，八方化缘，终于在月塘边，柏泉山上盖起了一座名为“金台寺”的佛庙。选择两口最大泉眼，淘得两口井，称为“狮眼”，后因淹死人被封一口。有一年夏天，百日无雨，天干地裂，河流干涸。方圆几十里的百姓不得不向百泉井踊去，肩挑手提，争先恐后，为的是弄点水以解燃眉之急。眼看井里的水有些供不应求。为了使更多的人吃上百泉井的水，村民们便动手淘井。事有凑巧，正好金台寺的高僧到汉阳龟山禹王庙进香，请求我佛大发慈悲，普降大雨，救民于饥渴火热之中。是时，烈日当空，

柏泉古井

热浪滚滚，几道香后，高僧已是汗流浃背，便坐在禹王庙后院的大柏树下乘凉。奇迹出现了，坐在与景德寺相距20余千米的禹王庙，居然能隐隐约约听到村里乡亲们的谈话声和淘井声。高僧不敢相信，于是侧耳伏地听之。好多熟悉的声音不绝于耳，高僧不得不信了。待他抬起头伸伸脖子时，更是妙绝！树上的树叶随着村民掏井的节奏声，时黄时绿的。奇了！奇了！原来龟山禹王庙的柏树通着柏泉井，井里的神鱼就是禹王庙的柏树的根变的，是禹王爷赐给柏泉民众的一个稀世之宝——木鱼。突然，高僧蒙眬欲寐，昏昏然进入幻境，面聆禹王指点。禹王爷千叮万嘱要高僧好生看管木鱼，木鱼会使百泉井水永不枯竭，泉水会源源不断涌出。村民将泥沙浚净，泉涌如常，旱情将得缓解。禹王还特地告知高僧：人们要想一睹木鱼神姿，需在仲夏日正午阳光直照之时，且要以虔诚之心，方可瞻仰神鱼真容；没有诚心，过了此时此刻，则只待来日了。高僧听罢，心想现在正是观看木鱼风姿的时刻，高兴至极，竟如顽童。猛地一惊，原来一梦。高僧兴奋不已回到柏泉寺里，把自己在禹王庙里的所见所闻，以及梦遇禹王爷的情景告诉大家。乡亲们恍然大悟，一齐奔向百泉井，虔诚地磕了三个响头。此刻井水清澈见底，阳光正照，果见井底木鱼相对，泉水从鱼口中涌出，两泉相撞幻如一朵巨大的水晶花，井水还散发出阵阵柏子香来。任凭村民们取用，源源不断，不见亏浅。于是村民们便将百泉井改名为“柏泉井”。并将百泉更名为“柏泉”。

5. 景德寺金台弘法

盛唐时期，佛法昌盛。有一个云游圣僧夜宿柏泉狮子山，忽梦狮子山首金光大盛。次日晨起，见阳光照于山前，宛若金铸。圣僧以为神谕，遂发宏愿，兴建禅寺，弘扬佛法。因梦兆金台，故寺成后命名为“金台寺”。北宋景德年间，该寺住持得朝廷之资修缮，感宋真宗弘法之德，遂更名为“景德寺”。后来景德寺屡毁屡建。今天的景德寺为中国十大名僧昌明法师发宏愿建成，尽复昔日盛景。

景德寺

盘龙湖

盘龙湖，因传说有龙盘踞而得名，盘龙城因湖而得名。武汉城市之根——商代盘龙城遗址被湖水三面环抱。盘龙湖是武汉市最早的城市湖泊，具有悠久的历史文化。

盘龙城经济开发区中南部的盘龙湖，踞府河北岸，和汉口市区隔河相望，西看甲宝山，东眺长湖，怀抱盘龙城遗址，襟带周边大鲩湾、大邓湾、杨家咀等自然村落。湖泊保护责任单位为武汉盘龙城经济开发区管理委员会。2012 年列入湖北省第一批湖泊保护目录。

1. 渔夫和小龙

传说商代府河北岸盘龙湖边叶店村，有一个很小的湾子，湾子有三五户人家，茅屋竹篱，农耕捕鱼。

湾子东头住着一个无子无女的独居老汉，有一天在盘龙湖边连撒三网空空如也，刚下第四网，突然，暴风骤起，乌云蔽日，湖中腾起一条黄龙，飞上天空，消失不见。

老汉有些害怕，急忙从湖里收起刚刚撒下的网，一把拎起来，拔腿往家里跑。

盘龙湖

回家打开渔网一看，不见一条鱼，只见一个小怪物，蛇一样的脑袋，黄鳝一样的身子，腹下四个爪子，额上两个小角，抓住渔网，睁大眼睛，摇着尾巴，又可怜又可爱。

老汉抱在怀里细细地看，既不像蛇也不像鱼，是个什么东西呢？活了这么大岁数，湖中的水族不知捕捞了多少，从来没见过这样的活物，莫非是刚才看见的那条黄龙的孩子，无意间闯进了我撒下的渔网？

当然应该放它一条生路，龙是神物，况且这般幼小，和人间婴儿没有两样。

但是，如果放生府河，河水湍急，小龙弱小，可能遭遇不测；不如放生盘龙湖，湖水平静清亮，湖中鱼虾丰富，小龙一定能健康地长大。

老汉把小龙带到湖边，选一个避风向阳的港汊，双手捧着，轻轻放小龙入水。

“以后要自己照顾自己，再也不要跑到谁的渔网里去了啊！”

小龙好像听得懂他说的话，小脑袋探出湖面点了三下，摇摇尾巴潜到湖底去了。

几年过去，老汉年已八十岁，身体衰弱，行动困难，再也不能耕种捕鱼，如果不是邻居好心三天两头给口饭吃，恐怕早就病饿而死。

这天，盘龙湖上空，乌云密布、雷电交加、暴雨倾盆，只见一条龙或沉或浮，穿行在湖水和天空之间。

雨过天晴，一个风流倜傥的少年公子，阔步走进老汉的草房，双膝跪地，叫了一声：“恩人，我来迟了。”

这位少年公子正是当年的那条小龙，今天前来接老汉到龙宫颐养天年，临行前叮嘱："您闭上眼睛搂住我的身子不要放松！"

当天，湾东头老汉家的茅屋顶上冲出一条龙，金鳞闪闪，升空而去，从此湾子再不见老汉踪影，村民们都说他随小龙到龙宫享福去了。

2. 千年榆树传奇多

在大邓湾北，盘龙湖东，有一颗 1000 多年的老榆树，直径 1 米多。抗日战争时，日军用汽油焚烧，突然震雷，倾盆大雨，两年后又奇迹般复活。某年夏天，雷光一闪，臭气冲天，雨停后，人们看见一条被打死的一丈余长的大蜈蚣。当年，日军士兵吊打地下党压断的树枝，旁边又生出新臂。湾子里有人拿锯弓将断裂的树枝锯掉，结果腿痛不止。有人在树枝上栓牛，牛受惊乱跳。水牛在树上擦痒，像触电一样倒在地上。

3. 商汤饮马汤仁海

成汤，也称"商汤"，商朝开国天子。传说商王朝建国之前的某一年的春天，身为夏王朝诸侯之一的成汤，带领属下军队从中原向南来到云梦泽东边缘，在府河下游的一个湖边停下来休息。

这时一个渔人正在湖边布网，一边口里念到："东西南北，天下的鱼儿，都到我的网中来吧！"

成汤说："你把鱼打尽了，其他的生命怎么能够存在？"授意他撤去三面网，教他说："天下四方，天宽地阔，只有不爱惜生命的鱼才会来自投罗网。"

又见一个猎人拉弓搭箭，瞄准半空飞翔的一只大雁，成汤制止他说："三春季节，鸟兽繁衍，你射死这只老雁，小雁在窝里嗷嗷待哺，死的可不止一只雁啊！"

当地百姓一传十十传百，传说成汤的仁德。农民愿意在他的辖区种田，渔人愿意在他的辖区捕鱼，商人来成汤治下的城市经商，贤能的人都投奔到成汤身边，后来成汤终于战胜夏桀成为商朝第一代王。

人们为了纪念成汤的仁德，把他告诫渔夫和猎人的湖取名为"汤仁海"。此后，在汤仁海附近建起了商代早期的城堡——盘龙城。

4. 千年古镇黄花涝

黄花涝

2300年前，黄花涝镇是石阳县城所在地，曾经盛极一时。后来，石阳县城毁于战火。明洪武二年（公元1369年），从江西迁来王氏的一个家族，他们将这个春季河滩湖地上遍布黄花，夏季

黄花涝村一角

涨水后河湖相连，一片汪洋的地方取名“黄花涝”。

当年，黄花涝曾经呈现出一派富庶、繁华的景象，“日有千人拱手(纤夫)，夜有万盏明灯(帆船)”，物阜民乐，商贾云集，成为武汉近郊不可多得的水上重镇，被誉为远近闻名的“小汉口”。抗战时期，日寇为侵夺财富，开辟了岱家山至黄花涝公路。新四军、国民党、日伪军都曾在黄花涝设立税卡，一度形成三权鼎立的局面。这种现象反映出当时黄花涝战略位置的重要和经济的繁荣。

新中国成立后，随着东西湖围垦、府河改造、汉北河开挖，水运航道发生变化，加上公路交通的发展，黄花涝水运优势大为减弱，市镇经济一落千丈。

进入21世纪，黄花涝村在新农村建设中焕发生机。新建环村水泥路3千米，铺设人行道彩砖3000平方米，人行板1330平方米。商代沿河古石坡，古码头，清代古墙壁，三国古墓，明末清初居家古屋，古寺院，古教堂，古祠堂等遗迹都保存完好。镇中心保存着旧时的砂石路，两旁是各类小商铺，小饮食店，还有唱楚戏的大舞台（楚戏是流行在湖北黄陂一带的民间剧种，黄花涝楚剧团当时是一个非常优秀的剧团，拥有一批优秀的民间艺人，每次的黄陂文艺会演都会夺魁)。村民“靠水吃水”，发展旅游经济，推出别具风味的“农家乐”。特色鱼庄，用纯农家方式做鱼做菜，每天需提前预定，供游客品尝原汁原味的农家鱼鲜。

武湖

武湖，在长江北岸，跨武汉市新洲区和黄陂区境。因三国时为江夏太守黄祖阅武习战之处，故名“黄汉湖”、“武湖”。汤湖位于武汉市黄陂区南部的武湖街胜海村，是武湖的子湖，属武湖水系。

武湖

1960年，在湖区设置武湖农场。2001年改设武汉市黄陂区人民政府武湖办事处。全场国土面积71.76平方千米，2011年人口3.9万余人，是全国首批农业旅游示范景点、全省小城镇建设重点镇、全市“一主三化”（以民营经济为主，推进农业产业化、工业化和城镇化）示范建设试点和两平方千米文明示范创建试点。

1963年武湖大堤尚未修筑前，汤湖与长江河湖相通，船舶众多，天然鱼类从长江顺水入汤湖，品种繁多。武湖大堤筑成后，汤湖面积逐年缩小。1983年农村实行家庭联产承包责任制，汤湖分亩到户，由当地村民承包经营。

武湖银鱼为新洲传统名产，被誉为湖北省三大名贵水产品之一。因源于长江，每年春夏随江水洄游至武湖生长。1985年由武汉市水产开发中心牵头，联合新洲、黄陂两县，成立武湖联营渔场，并相继建立“武湖渔政管理站”、“武湖渔区公安派出所”，建精养鱼池，搞围栏养鱼，对大湖投放鱼种。当年产成鱼15万千克，比联营前增长一倍，渔民人均收入1500元。

汤湖养殖场养殖面积0.39平方千米。现由胜海村村民承包经营，以淡水养殖青鱼、草鱼、鲢鱼、鳙鱼四大家鱼为主，书面承包养殖面积0.10平方千米，实际承包面积0.15平方千米，因湖泊面积较小，主要用于养殖和农业用水，周边无工矿企业。

2007年12月21日，武湖被世界自然基金会（WWF）列为长江水生生物保护与可持续利用示范湖泊之一。

1. 汉武帝赐名“武湖”

汉武帝效法秦始皇巡游中国，南下江汉，见长江北岸有一个天水相连的湖，碧波荡漾，岸柳成行，东北面群山起伏，从山下到湖边，平野广阔，良田千顷，万民耕种。武帝兴致勃勃地赞道：“真乃鱼米之乡！”随臣奏曰：“此湖尚无名号，请皇上赐名。”武帝寻思，朕乃汉室五代帝王，武功赫赫，先帝高祖、文帝、景帝之后，当以“武”为谥，只是这百年之后的事，现在怎么能够说出口？想到这里便借题发挥道：“历来鱼米之乡必然是兵家必争之地，兵战为武，文治武功，天下太平，赐名武湖！”

2. 黄祖武湖演武

历史上的武湖，烟波浩渺，南通长江，北连滠水，是演练水军的理想之所。早在2000年前，武湖便以“武”出名。据明朝陆应阳所撰的《广舆记》载：东汉江夏太守黄祖常率领水军到湖中操练，并将其坐骑拴在附近的辛店马场庙，被湖水浸湿的铠甲，则晾晒在湖心岛的山坡上。后来晾甲的小山坡名为晾甲山，黄汉湖

武湖一角

则更名为“演武湖”。因这里是水陆通达长江的五通口岸，军事要冲，土地又肥美，历来成为兵家必争之地，仗打多了，久而久之，人们就干脆叫它“武湖”了。

3. 武湖烟障

每逢春晨，水汽蒸腾，浓雾弥天，山林房屋，若隐若现，如天上的仙境，人行其间如腾云驾雾，称为“武湖烟障”。民间传说也附会而生。传说当年江夏太守黄祖常在湖中操练水军，后来兵败被孙权枭首示众，饮恨黄泉成为鬼雄，心中愤怨不平，地府中征集旧部占据武湖，依然若生前一般，每天清晨来湖上操兵演武，“万戟凝霜”，“千舸冲浪”，风沙烟云笼罩武湖。

4. 包公渡武湖

传说包公年轻时赴任定远县，路经武湖，天已过午。渡船艄公说：“大人，当地民谣：‘要想过武湖，除非在上午；下午过武湖，湖中埋尸骨’。”

包公问：“怎么回事？”

“下午湖中出水怪。”

“我急着赶路，今天下午一定得过湖，你只管过渡，出了事由我自己承担。”

船行至湖中心，平静湖面陡起波涛，小船在浪中颠簸不停，艄公吓出一身冷汗。这时候水中钻出一群人不像人兽不像兽的黑东西，扒着船舷拼命摇。

武湖五通口

包公站在船头，手执照妖镜厉声喝道：“你们是人，赶快改邪归正；你们是妖，试试我的厉害！”话音刚落，这些怪物一下子都沉入水底，湖上风平浪静，仿佛什么事也没发生过。

船到对岸渡口，包公付过船钱正要抬腿上岸，艄公说：“大人，您走后我怎么惹得起那些妖怪？”包公说：“这面镜子送给你，以后就没有妖怪敢作乱了。”

艄公拜谢后接过来，看似轻巧的一片镜子拿在手里大约十斤重，心里紧张，两手发颤，镜子掉进了湖里。

从此后，武湖清澈透明、水平如镜，再也没有妖怪出现了。

当地流传一首民谣：“包公到，百姓笑，妖怪全除掉，武湖当作镜子照。”

涨渡湖

涨渡湖位于武汉市新洲区南部，东抵举水河西堤，与黄冈市团风县隔河相望，西邻倒水河东堤，南依长江堵龙干堤，北邻新洲区汪集街。因“涨水为渡、落水为湖”而得名。

涨渡湖远古时为古云梦泽的边缘，一派水乡泽国。由于新洲境内大别山余脉数条黄土岗、岭形成了举水、倒水、沙河三条长江支流，在河的入江口，涨水季节，江、河、湖混沌一片，天水一色，横无际涯，从而构成了水网交错的湖区。深入湖中的岗地则成为一个个湖嘴（半岛）、孤岛、沙洲、泥滩、沼泽，还有一座小小的晒雨山。沧海桑田，自然变迁，江河湖之间冲积平原时见袒露，逐年拓展，分布着大片的沼泽、泥滩、草场、芦苇。年深日久，水土肥沃，水陆动植物日益繁茂。据近年考古发现，新石器时代人类活动的遗址在这里出现，汉代有大批移民寄籍于此，繁衍开发。史料记载，南朝文帝元嘉二十八年（公元451年），著名的“五水蛮起义”就发

涨渡湖

冬日的涨渡湖

生在涨渡湖区。元、明之季随着大量移民迁入，人丁日趋兴旺，百业进展，湖区遂呈一派“鱼米之乡”景象。历史上涨渡湖区面积最大达280平方千米，为长江东支河道的重要组成部分。明代中期演变为湖后，一直和长江相通，直到1923年堵龙干堤建成，始独立称湖。

中华民国以后，随着人类活动的逐渐增多，特别是新中国成立后，湖区大规模围垦，湖面面积迅速减少。由于湖区水位季节变化明显，涨渡湖涨水时，沿湖居民迁至高处。水退季节，又加以屯垦。自明朝起，政府开始组织修筑堤坝，防御洪水。清朝年间，开始修建剅闸。民国时期又修建100余条堤圩。新中国成立后，人民政府对湖区进行综合治理，兴修涨渡湖蓄洪垦殖工程、举西大堤、涨渡湖排水闸、金沙河水库、沐家泾排水闸等工程，尤其是1970年2月在国务院总理周恩来“苦战两年，解决倒水问题”的指示下开工的倒水改道工程，于1972年完成，洪水灾害大为减轻。同时，还采取措施消灭钉螺，血吸虫病基本得到根治。

涨渡湖地区历来是兵家必争之地，汪集民间谱牒记载：“宋元之际，血流飘橹”，“元明之际，十室九空”。兵灾战祸，居民流失、田地荒芜。明朱元璋下旨“江西填湖广”，大批江西移民来今新洲举水、倒水下游垦荒定居，此后逐渐恢复生机。

抗日战争时期，涨渡湖是抗日民主革命根据地。李先念、刘西尧、张体学等曾在这里生活和战斗过。现代，涨渡湖成为鄂东抗日根据地旧址红色旅游景点。

涨渡湖生物资源十分丰富，水生和陆生植物及其共同组成的湿地生态系统，养育着长江中下游湿地70%~80%的物种，是长江中游物种的生物基因库，也是亚太地区珍稀候鸟迁徙中转通道和越冬场所及鱼类产卵、洄游的重要场所，吸引了众多鸟类生活、繁殖，被世界自然基金会列为湿地保护示范点。目前，建设中的涨渡湖生态旅游风景区日益受到人们的喜爱。

1. 莲花七姊妹被囚七湖

相传远古时代，七湖地区名叫“芙蓉镇”，东南西北有九十九条街巷相互穿插，错落有序。士农工商，渔樵耕读，三教九流，集于一镇，大街小巷热闹非凡。而更引人向往的是，这里百卉俱全，尤以莲花为最，每到夏天满湖娇艳，映日接天，轻风摇曳，流香溢郁，令人心醉忘归。

在漫湖的莲花当中，有七朵白莲，历经数千年，采天地之灵气，受日月之精华，终于得道成仙，结为七姊妹。有一年，王母在瑶池举行蟠桃盛会，邀请各路神仙一同赴会。其时，东海龙王敖顺的宠儿三太子亦随父前往叨光。他生得仪表堂堂，风度翩翩，尤爱追歌逐色。恰好，莲花七姐妹也收到王母邀请，来到了瑶池。

会后，七姐妹赴南天门游玩，在天府花园转角处与三太子撞了个满怀。七姐妹个个冰肌玉骨，天资娇艳，尤以排行最末的小莲花为最。三太子见小莲花清装素裹，似姣似嗔，不禁心旌摇动，顿生爱意。小莲花窥得太子风流倜傥，也动了芳心。三太子生在龙宫，自幼娇惯成性，屡屡私到凡间寻花问柳，虽多次受到天规惩戒，仍我行我素不思悔改。当他见到冷香缟素的莲花七姊妹时，心醉神驰，急忙上前施礼说："敢问众仙姐仙乡何处？"小莲花答曰："我等修道在涨渡湖边。回问仙子……？"三太子抢着回答："吾乃东海龙王三太子也！"话间眉来眼去，暗送秋波。忽听金鼓敲响，蟠桃盛会已散，各路神仙纷纷回转，三太子只好与七姊妹依依惜别。

涨渡湖中的鹭鸟

七湖

三太子回到龙宫，相思益苦，昼不饮食，夜不入寐，遂贸然瞒过龙王，带着随从直奔涨渡湖边。小莲花见三太子骤然相顾，只好以礼相待，留住湖中。渐渐相处甚欢，爱慕之心与日俱增，竟至置仙家清规戒律于不顾，结下了儿女私情。

再说龙王敖顺，很久不见太子，自知他又私逃下界，急令内侍率五百水卒到凡间查寻。内侍在七湖访得太子，劝其回宫。太子却难舍莲花温馨，执意不从。龙王得知，勃然大怒，命蟹将军率五千水族前往捉拿。小莲花见神兵神将来势凶猛，以自身法力难以抵挡，便垂泪以求六个姐姐，共同抗敌。姐姐们为小莲花真情所感，遂联手摆下百花迷魂大阵与神兵交战。一时间天空乌云翻滚，雷电交加，大雨倾盆。一座繁华的芙蓉镇顷刻荡为汪洋。可怜的无辜百姓因之葬身于惊涛骇浪之中。

经过一场激战，蟹将军败回龙宫。龙王更加恼恨，急去瑶池找百花之王——牡丹仙子。

仙子知情后，随同龙王驾彩云来到涨渡湖边。龙王怒立于高阜上，后世遂以此处名“龙王咀”。花王来到百花迷魂大阵前，厉声喝道：“花王在此，还不收阵伏法！”七姊妹见是花王到了，忙收阵拜见。小莲花急趋上前，力陈前情，并恳请花王宽恕受其连累的姐姐们，情切之处，竟至声泪俱下。花王不为所动，厉声叱道：“你等不思修行，暗结人间秦晋，触犯天条，此罪一；布阵拒神兵，以下犯上，此罪二；以一己私情祸及无辜，视人命为草芥，此罪三。三罪皆不可恕。”说完，将七颗夜明珠抛向天空，落地后，变成七座水牢，将七女分别囚禁其中。然后戒曰：“你等七人在此好生悔过，造福苍生，将功赎罪，五千年后，功德圆满，方成正果。”言罢返身瑶池。龙王也将三太子带回了东海龙宫。

相传现今的七湖，就是当年囚禁七姊妹的七座水牢房，故名“七湖”。七姐妹本性善良，诚心赎罪。五千年后，再现朵朵白莲，报偿人间。七湖亦因七姊妹之精英，加上七颗明珠之宝气，而成为风水宝地。从古到今，七湖生长的龙王牌白莲，品质特优，驰名中外。

2. 巴人五水蛮起义

五水蛮，又名“豫州蛮”、“西阳蛮”，是古代巴人的一支，于东汉光武二十二年（公元 46 年）及和帝永元十三年（公元 101 年）两次东迁。两晋及南朝时，主要聚居于今鄂东及皖西南的大别山区与长江之间。因其地有巴水、蕲水、希水（今浠水）、西归水（今倒水）、赤亭水（今举水）等5 条河流，故名“五水蛮”。此地为水陆要冲，生产发达。在晋朝所设的夷市（今鄂州市东）与汉人进行交换，接触频繁。南朝宋、齐于其地设若干左郡左县，与汉人杂居，逐渐融合。由于南朝各级官吏对少数民族奉行苛政，“重徭役”，“禁鱼盐”，“赕罚群蛮太甚”（赕，蛮夷赎罪的财货），致使“蛮不堪命”，纷纷起来造反。他们“盘结数州，摇乱邦邑”，“断驿道”，“攻郡县”，杀官吏，反朝廷。州县告急，朝廷惊恐，“命将出师，恣行诛讨，自江汉以北，庐江以南，搜山荡谷，穷民罄武，系颈囚浮，盖以数十万计”。

五水蛮是诸蛮中势力最大的一支，据《宋书》记载，元嘉二十八年(公元 451 年)，有个名叫司马黑石的人，同庐江起义官吏夏侯方进到西阳郡发动五水蛮造反。司马黑石，号太公，是西阳蛮的谋主。另有二头领，一名安阳，号谯王，一名续之，号梁王。西阳蛮活动地区很广，“北接淮、汝，南接江汉，地方千里”，他们杀县令，劫船舫，悉引入湖，昼伏而夜出，使各级官吏、豪门为之胆寒。

元嘉二十九年（公元 452 年），朝廷派太子步兵校尉沈庆之，率领江州、荆州、雍州、豫州等四州兵马围剿五水蛮根据地——倒、举二水之间的涨渡湖地区。第二年，武陵王刘骏（后为宋孝武帝）率师驻扎在五洲（在今黄州下游），总统群帅。沈庆之从巴水去到五洲，接受武陵王刘骏讨伐五水蛮的谋略。公元 457 年，西阳蛮再次造反，沈庆之又带兵围剿，所谓“攻战经年，悉皆平定，获生口数万人”。过了 3 年，五水蛮又反，且愈反愈烈，朝廷再派沈庆之前去围剿。这次因蛮民内部发生内讧，豫州刺史王玄谟便乘机运用分化瓦解的办法，将其头领司马黑石、安阳二人捉住，押解到寿阳斩首。5年后，蛮民新首领田益之、田义之、成邪财、田光兴等率众起义，攻打郢州（今武昌），夺取全城。并自封官爵，以田益之为辅国将军，都统四山军事。以蛮户分设宋安、光城二郡，田义之为宋安太守，田光兴为龙骧将军、光城太守。封田益之为边城县王，食邑411户，成邪财为阳城县（今新洲、黄陂连界地）王，食邑3000户，益之徽为虎贲中郎将，将军如故。五水蛮起义斗争长达21年之久，他们利用河湖港汊及茂密的芦苇作为深藏之地，时而进山，时而下湖，伺机打击官兵，沈庆之的三次围剿，都只能使起义斗争暂时平息。后来，桓诞带领蛮民投向北魏，五水蛮起义方告一段落。

3. 李时珍涨渡湖采药

传说明代名医李时珍医道高、心眼好，不仅是手到病除、逢凶化吉，同时对穷家小户诊病，还分文不取。他经常在外采集药草，走过很多地方。

有一天，李时珍到涨渡湖采草药时，听到一个人在芦柴林里呻吟。走上前一看，是一个砍芦柴的老人，又冻又饿，肚子痛得地下打滚。他马上给老人扎了几根银针，又把自己带的干粮给老人充饥。老人说道：“我吃不得干的，又吃不得冷的，肚子痛得狠。”

李时珍听老人这么说，就把自己熬膏药的小锅解下来，洗擦干净，在土坡上挖一个小灶，拣些干芦柴和枯树枝来烧火为老人做饭。

老人说："别耽误了你的工夫，你去挖你的药草，我来烧火，你肚子饿了再来吃点喝点。"李时珍点头应允。

涨渡湖边草药丰富，马鞭草、车前草、半边莲，夏枯草遍地都是，李时珍爱不释手。太阳快落山，他回到他挖的土灶边，看不见老人，只看见灶里的火正旺，小锅里咕咕啦啦的煮得响。喊了几声无人答应，他揭开锅盖一看，锅里只有一个人形的菇子（何首乌）在锅里打滚，他用右手三个指头按了一下，菇子翻了个身，他闻了闻，看了看，很香，就像一个活生生的小伢，不忍心吃掉。他再看灶里，灶里并无柴，只有两块石头在燃烧。他感到很奇怪，把锅里的菇子连水一起倒进涨渡湖，引来一群黄颡鱼抢食。

据说，从此以后，李时珍给人诊病，用三个指头抓的药，病人喝一个好一个，用这口小锅熬的膏药，贴一个疱好一个疱。要是他把成人形的菇子吃了，把水一喝，一定会长生不老，成为仙人！

4. 涨渡湖抗日根据地

新四军老战士、抗日战争时期曾任中共黄冈中心县委书记、中共长江地委书记的原国家教育部长刘西尧，在他的回忆文章中写道："涨渡湖抗日根据地，是新四军第五师东进的基地，转战大江南北的桥头堡，同时也是东进南征的前线阵地。王震、王首道同志率领的三五九旅南下支队北返时，也是从这里北渡长江再次与新四军第五师主力会合的。这块根据地的人民群众，为抗日战争与解放战争提供了不少的干部、兵员及财力物力。”

涨渡湖抗日根据地纪念碑

涨渡湖的莲花畈，有一棵古老的棠栗树，树旁立着“树下哨兵”四个大红字汉白玉石碑，“涨渡湖抗日根据地”纪念园就建在这里。据当地老人讲当年涨渡湖抗日根据地机关第一哨卡就设在棠栗树下，多名新四军哨兵的鲜血曾经染红了树下的这片土地。

1939 年 9 月，国民政府鄂东游击总指挥程汝怀勾结桂系一七二师师长程树芬在鄂东向我抗日游击第五大队机关驻守的麻城夏家山、芦泗坳等地发动进攻，制造了震惊中原、远播全国的“夏家山反共事件”。抗日游击第五大队在敌我兵力数倍悬殊下奋力突围，他们与国民党顽军斗智斗勇，一部分将士在张体学、文祥、漆少川、易鹏等人率领下冲破敌人重重包围，于 9 月 6 日前后来到涨渡湖莲花畈。

莲花畈当时是涨渡湖北面水域中一个似岛非岛的黏土洲，当地称之为“畈”。经中共黄冈中心县委研究，今后的任务要把工作重点放在敌后，建立湖区抗日根据地。从此，在中心县委领导下，开创了以莲湖畈为中心的涨渡湖抗日民主根据地。

涨渡湖抗日民主根据地，在以中共黄冈中心县委、新四军第五师领导人李先念、陈少敏、郑位三、张体学、刘西尧等人领导下，得到迅猛发展，在9个月时间内，开创了以涨渡湖为中心，面积2000多平方千米、人口近200万的抗日民主根据地及游击区。在涨渡湖抗日民主根据地，先后有长江地委、鄂东专署、黄冈中心县委、中心县政府、中心县宪促会、新四军第五师第十四旅等领导机构，在湖区魏家淌、南山咀、竹子咀、李牌楼湾和滨湖咀等地还分别办了党训班、干训班，并在赤脚寺正式成立直属中心县委党校。鄂豫边区税务总局、鄂东（长江）税务分总局、鄂东交通分局（鄂东分兵站）、日本在华士兵反战同盟第五支部、鄂豫边区建设银行和第三印钞厂、后勤被服厂、修械所、鄂豫边区洪山公学、实验中学等单位都曾设在这块根据地上。

这块根据地在平汉路东的日军占领区，是孤悬在长江中游北岸、中国共产党在中原开展抗日战争必须开辟的最重要的地区之一，这块根据地也正好在鄂东，与鄂中、豫南两根据地互为犄角，构成鼎足之势，互为策应，是鄂豫边区连成一片的战略支点，北抵大别山，南扼长江，是东进鄂皖边的前进阵地和后方基地，是跨越长江，南下鄂南、湘赣进而对武汉实施战略包围的跳板。由王震、王首道、王恩茂率领的359旅南下支队长驱直下鄂赣湘粤，涨渡湖区是他们胜利回师北返的桥头堡，也是武汉地区最完善的抗日根据地。

至今，涨渡湖地区还流传着老一代革命家李先念、张体学在涨渡湖抗日根据地从事革命斗争的故事。

李先念到余家楼 1941年9月至1942年3月，新四军第五师遵照中共中央和毛泽东的指示，为策应华东新四军第二、第七师反击国民党顽军桂系第七军3个师的进攻，为保卫和加强包围武汉的东线抗日阵地，组织主力部队分3批东进鄂皖边区。1942年3月初，李先念率十三旅、特务旅返回大悟山根据地，途经新洲时，顺道视察了涨渡湖抗日民主根据地，并到达黄冈中心县政府所在地余家楼，看望了当地干部和群众。

李先念首先代表鄂豫边区党委、五师指战员向黄冈中心县委、县政府的同志们表示问候，在仔细询问当地的工作情况后，高度评价了涨渡湖抗日根据地广大抗日军民对豫鄂边区和五师所作的贡献，并对涨渡湖这个进可攻、退可守，又盛产鱼米的抗日根据地表示了极大兴趣。

此时，李先念已率领部队进驻王伏六、大屋围、破月一带。李先念说，他们是为了减轻地方党组织的压力，打击这一带的敌、伪、顽的嚣张气焰而来的。他还风趣地说：“我们刚到，第一个任务就是拜访你们呀。”李先念进一步询问了国民党顽固派保安八团的活动情况。不久，传来我军夜袭保安八团歼敌 70 余人的胜利消息。随后，李先念又指挥抗日军民在麻城马岗反击在程汝怀指示下进行反共摩擦的保安一旅，歼其大部；在蕲（春）黄（梅）广（济）歼灭经常袭击我军和地方工作人员的国民党五战区第二纵队的一个团。此后，原来经常骚扰涨渡湖根据地的保安八团、黄雨亭部、广西军一七二师龟缩山里。涨渡湖抗日根据地日益巩固并得到很大的发展。

张体学打“红学”　1942 年，新四军第五师十四旅政委张体学率部在涨渡湖地区活动，常驻举水下游的站桥、破月、大屋围等村庄。这些村庄紧邻湖边，居民的房屋均构筑在高墩子上。每逢雨季，江河湖涨水，村庄就成为水中星罗棋布的小岛。河湖港汊沙洲江堤纵横交错，加之芦苇丛生，地形非常复杂。边区的一些机关、单位和五师的一些后勤部门也都迁移至此。

此前，涨渡湖地区的“红学”组织，拦截群众支援抗日的粮款，杀害地方党员干部和税收人员，刺探新四军情报，向日伪通风报信，为日寇带路，死心塌地地为日寇卖命。同年秋，正逢芝麻收割季节，张体学决定攻打驻扎在刘集（今刘镇）的反动“红学”。战前，张体学亲自给二营指战员做了战前动员。一天，几千“红学”会众擎着大旗和刀矛向张体学部扑来。他们头上缠着红布，身上扎着红带子，口里念着符咒，一步一步逼近。新四军一边喊话，一边鸣枪警告。但是，他们依然不听劝告和警告，步步进逼，杀气腾腾，似乎真有刀枪不入的法术。新四军开枪反击，“红学”武装成员抱头鼠窜争相逃命。新四军追击到十几里路外殷店附近的一个湾里，将一个坏头目砍头示众，接着又火烧叶氏祠堂，彻底捣毁了这里“红学”的老巢。

驻阳逻的日军获知张体学部攻打刘集“红学”的情报后，倾巢出动，不顾一切妄图突破防线，以挽救刘集“红学”覆灭的命运。新四军部队在自身无一伤亡的情形下，连续打退日军 7 次进攻，消灭了大批日军。刘集“红学”覆灭后，阳逻据点的日寇再也不敢轻易袭击涨渡湖根据地，新四军抗日民主政府的地方工作人员可畅通无阻地开展各项工作。

武汉湖泊名录

序号	名称	所在行政区(功能区)	面积(万平方米)
1	塔子湖	江岸区	31.0
2	鲩子湖	江岸区	9.4
3	机器荡子	江汉区	10.4
4	北湖	江汉区	9.4
5	菱角湖	江汉区	9.0
6	西湖	江汉区	5.0
7	后襄河	江汉区	4.3
8	小南湖	江汉区	3.5
9	张毕湖	硚口区	48.3
10	竹叶海	硚口区	18.7
11	墨水湖	汉阳区	363.8
12	龙阳湖	汉阳区	168.0
13	月湖	汉阳区	70.8
14	莲花湖	汉阳区	7.6
15	外沙湖	武昌区	307.8
16	紫阳湖	武昌区	14.3
17	晒湖	武昌区	12.2
18	水果湖	武昌区	12.3
19	四美塘	武昌区	7.7
20	内沙湖	武昌区	5.6
21	北湖	青山区	191.8
22	青菱湖	洪山区、江夏区	884.4

续表

序号	名称	所在行政区(功能区)	面积(万平方米)
23	黄家湖	洪山区、江夏区	811.8
24	南湖	洪山区、东湖新技术开发区	767.4
25	野湖	洪山区、江夏区	299.6
26	野芷湖	洪山区	161.5
27	杨春湖	洪山区	57.6
28	后官湖	蔡甸区、武汉经济技术开发区、汉阳区	4081.0
29	沉湖	蔡甸区	1504.6
30	西湖	蔡甸区	1123.2
31	小奓湖	蔡甸区	1002.0
32	王家涉	蔡甸区	874.5
33	张家大湖	蔡甸区	811.0
34	官莲湖	蔡甸区	538.8
35	桐湖	蔡甸区	320.9
36	大茶湖	蔡甸区	316.2
37	许家赛	蔡甸区	211.8
38	金龙湖	蔡甸区	161.3
39	湘沉潭	蔡甸区	136.6
40	独沧湖	蔡甸区	113.6
41	金鸡赛	蔡甸区	108.7
42	庙汉湖	蔡甸区	92.0
43	金堆湖	蔡甸区	67.6
44	瓦家赛	蔡甸区	63.2
45	龙家大湖	蔡甸区	56.9

续表

序号	名称	所在行政区(功能区)	面积(万平方米)
46	小茶湖	蔡甸区	54.8
47	崇仁湖	蔡甸区	37.7
48	笔砚湖	蔡甸区	30.7
49	小官莲湖	蔡甸区	29.0
50	莲花湖	蔡甸区	27.9
51	石洋湖	蔡甸区	20.5
52	白莲海	蔡甸区	16.9
53	长洲赛	蔡甸区	16.3
54	小金鸡赛	蔡甸区	12.7
55	东北湖	蔡甸区	11.7
56	梁子湖	江夏区、东湖新技术开发区	17452.4
57	斧头湖	江夏区	6907.7
58	鲁湖	江夏区	5229.4
59	汤逊湖	江夏区、洪山区、东湖新技术开发区	4762.0
60	上涉湖	江夏区	1074.6
61	枯竹海	江夏区	725.1
62	金口后湖	江夏区	454.8
63	坪塘湖	江夏区	164.5
64	神山湖	江夏区	130.7
65	下涉湖	江夏区	117.3
66	军区湖	江夏区	49.3
67	王浪湖	江夏区	42.9
68	杨蒋湖	江夏区	28.7

续表

序号	名称	所在行政区(功能区)	面积(万平方米)
69	宋家启	江夏区	27.5
70	前湖	江夏区	18.7
71	道士湖	江夏区	16.3
72	乾湖	江夏区	15.3
73	西湖	江夏区	15.0
74	郭家湖	江夏区	12.0
75	武湖	黄陂区、新洲区	3059.6
76	后湖	黄陂区	1915.0
77	童家湖	黄陂区	1162.6
78	马家湖	黄陂区	361.0
79	麦家湖	黄陂区	267.3
80	姚子海	黄陂区	242.7
81	什仔湖	黄陂区	240.3
82	任凯湖	黄陂区	205.9
83	汤仁海	黄陂区	141.2
84	盘龙湖	黄陂区	138.1
85	小菜湖	黄陂区	93.6
86	新激湖	黄陂区	92.6
87	安汉湖	黄陂区	69.7
88	胜家海	黄陂区	43.0
89	长湖	黄陂区	36.0
90	汤湖	黄陂区	33.1
91	项家汊	黄陂区	30.4

续表

序号	名称	所在行政区(功能区)	面积(万平方米)
92	张斗湖	黄陂区	21.8
93	西赛湖	黄陂区	17.5
94	李家大湖	黄陂区	15.9
95	金潭湖	黄陂区	14.6
96	涨渡湖	新洲区	3821.0
97	陶家大湖	新洲区	933.0
98	七湖	新洲区	539.6
99	朱家湖	新洲区	537.4
100	安仁湖	新洲区	483.1
101	柴泊湖	新洲区	300.5
102	三宝湖	新洲区	138.1
103	兑公咀湖	新洲区	110.9
104	汪湖汊	新洲区	59.7
105	曲背湖	新洲区	48.4
106	鄢家湖	新洲区	20.3
107	东大湖	东西湖区	382.5
108	金湖	东西湖区	159.5
109	杜公湖	东西湖区	159.4
110	金银潭	东西湖区	117.1
111	小罗晒	东西湖区	99.9
112	巨龙湖	东西湖区	95.8
113	下银湖	东西湖区	80.0
114	幺教湖	东西湖区	67.2

续表

序号	名称	所在行政区(功能区)	面积(万平方米)
115	银湖	东西湖区	67.1
116	上金湖	东西湖区	61.3
117	月牙湖	东西湖区	52.9
118	泥达湖	东西湖区	43.8
119	东银湖	东西湖区	39.0
120	黄狮海	东西湖区	38.2
121	杨四泾	东西湖区	34.2
122	北晒湖	东西湖区	27.8
123	王龙湖	东西湖区	26.2
124	山西晒	东西湖区	23.3
125	李家教	东西湖区	22.9
126	龙王沟	东西湖区	18.2
127	墨水湖	东西湖区	15.8
128	釜湖	东西湖区	12.6
129	肖家教	东西湖区	12.4
130	潇湘海	东西湖区	10.9
131	甘家教	东西湖区	10.3
132	马投潭	东西湖区	8.7
133	前栏湖	汉南区	35.8
134	湾湖	汉南区	23.5
135	牛海湖	汉南区	17.6
136	坛子湖	汉南区	16.7
137	桂子湖	汉南区	11.1

续表

序号	名称	所在行政区(功能区)	面积(万平方米)
138	神潭湖	汉南区	10.8
139	硃山湖	武汉经济技术开发区	446.0
140	南太子湖	武汉经济技术开发区	357.1
141	三角湖	武汉经济技术开发区	239.1
142	烂泥湖	武汉经济技术开发区	122.7
143	汤湖	武汉经济技术开发区	106.4
144	万家湖	武汉经济技术开发区	105.3
145	下善湖	武汉经济技术开发区	66.6
146	状元湖	武汉经济技术开发区	57.3
147	北太子湖	武汉经济技术开发区	52.4
148	西北湖	武汉经济技术开发区	50.0
149	川江池	武汉经济技术开发区	44.5
150	中山湖	武汉经济技术开发区	44.0
151	无浪湖	武汉经济技术开发区	41.1
152	竹林湖	武汉经济技术开发区	23.0
153	柱木湖	武汉经济技术开发区	22.8
154	上乌丘	武汉经济技术开发区	18.6
155	牛尾湖	武汉经济技术开发区	17.2
156	龙湖	武汉经济技术开发区	11.2
157	牛山湖	东湖新技术开发区	6042.1
158	豹澥湖	东湖新技术开发区	2293.5
159	严西湖	东湖新技术开发区、青山区、东湖生态旅游风景区、武汉化学工业区	1423.1

续表

序号	名称	所在行政区(功能区)	面积(万平方米)
160	严东湖	东湖新技术开发区	911.1
161	车墩湖	东湖新技术开发区	173.5
162	严家湖	东湖新技术开发区	160.9
163	五加湖	东湖新技术开发区	12.5
164	东湖	东湖生态旅游风景区	3362.7
165	竹子湖	武汉化学工业区	66.5
166	清潭湖	武汉化学工业区	60.2

武汉中心城区湖泊简图

金银湖
后襄河
塔子湖
机器荡子
菱角湖
张毕湖
竹叶海
东西湖区
中环线
北湖
鲩子湖
西湖
小南湖
江岸区
硚口区
龙阳湖
月湖
莲花湖
汉阳区
墨水湖
武昌
紫阳湖
三角湖
北太子湖
南太子湖
野芷湖
黄家湖
青菱湖
野湖
G107

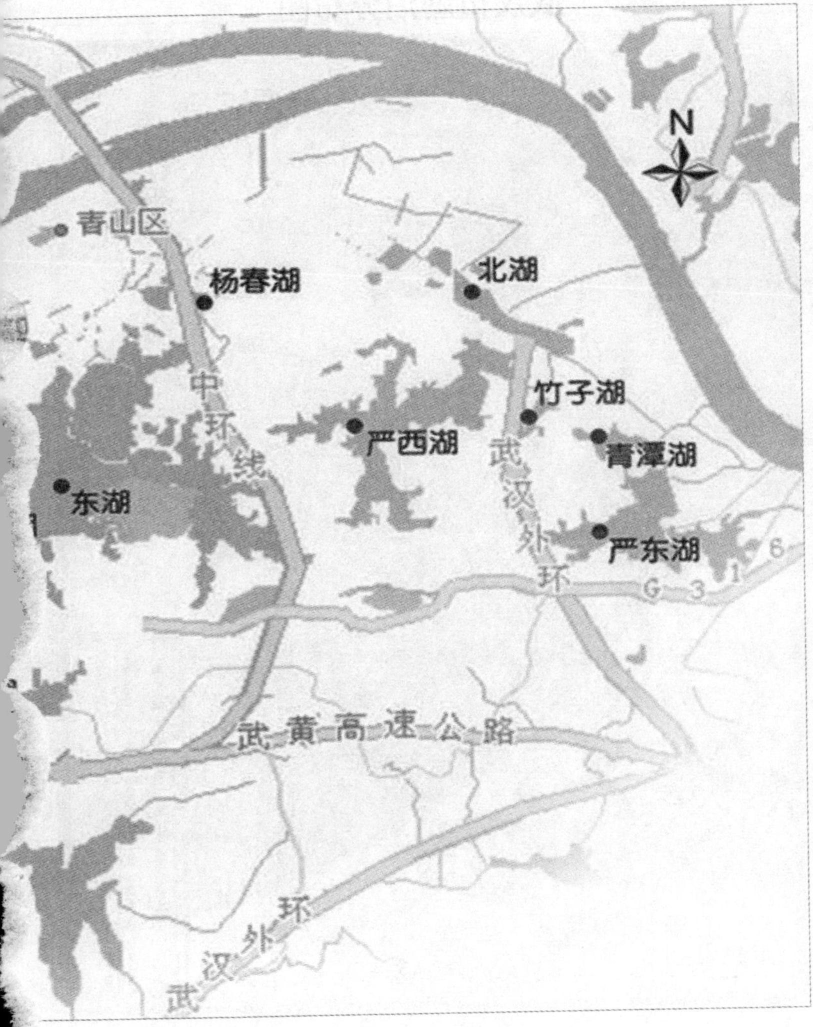
N
青山区
杨春湖
北湖
竹子湖
严西湖
青潭湖
东湖
严东湖
中环线
武汉外环
G316
武黄高速公路
武汉外环

武汉市湖泊分布图

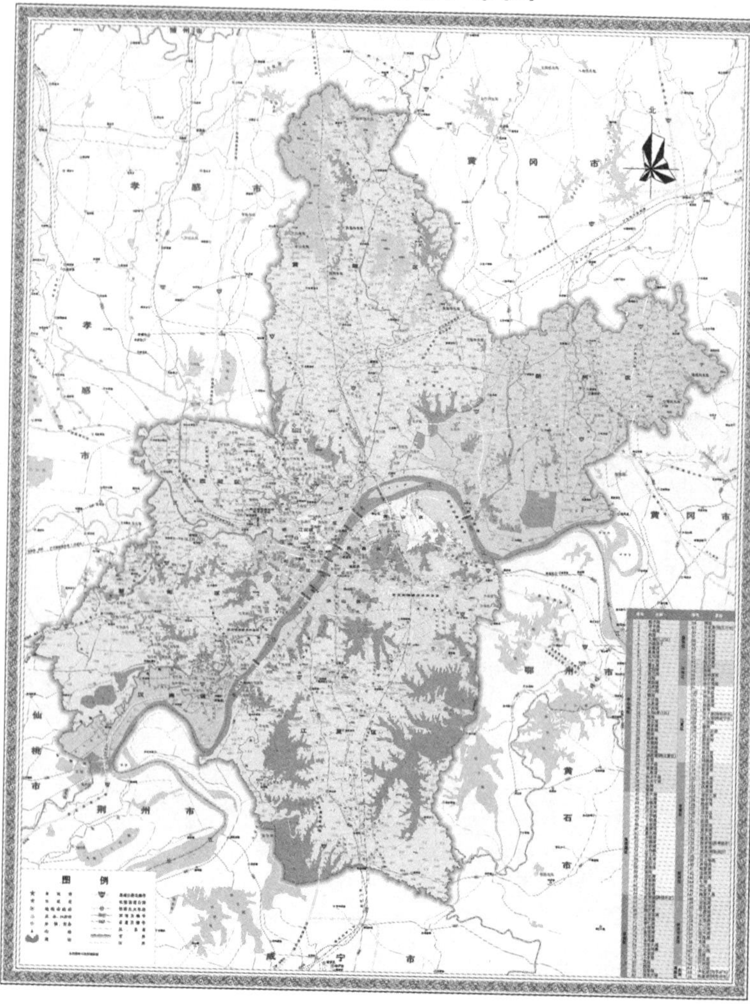